NOTAS SOBRE A ESPERANÇA
E O DESESPERO

LUIZ FELIPE PONDÉ

NOTAS SOBRE A ESPERANÇA E O DESESPERO

GLOBOLIVROS

Copyright da presente edição © 2021 by Editora Globo S.A.
Copyright © 2021 by Luiz F. Pondé
Todos os direitos reservados.

Nenhuma parte desta edição pode ser utilizada ou reproduzida — em qualquer meio ou forma, seja mecânico ou eletrônico, fotocópia, gravação etc. — nem apropriada ou estocada em sistema de banco de dados sem a expressa autorização da editora.

Texto fixado conforme as regras do acordo ortográfico da língua portuguesa (decreto legislativo nº 54, de 1995).

Preparação: Amanda Moura
Revisão: Adriana Moreira Pedro e Ariadne Martins
Capa: Cris Viana — Estúdio Chaleira
Foto de capa: iStock
Projeto gráfico e diagramação: Douglas K. Watanabe

CIP-BRASIL. CATALOGAÇÃO NA PUBLICAÇÃO
SINDICATO NACIONAL DOS EDITORES DE LIVROS, RJ

P855n

Pondé, Luiz Felipe
    Notas sobre a esperança e o desespero / Luiz Felipe Pondé. — 1ª ed. — Rio de Janeiro: Globo Livros, 2021.

Apêndice
ISBN 978-65-86047-90-5

1. Filosofia — Miscelânea. 2. Ensaios brasileiros. I. Título.

21-70671   CDD: 869.4
                                                         CDU: 82-4(81)

Camila Donis Hartmann — Bibliotecária — CRB-7/6472

1ª edição, 2021

Editora Globo S.A.
Rua Marquês de Pombal, 25
Rio de Janeiro, RJ – 20230-240
www.globolivros.com.br

Não se pode ser sempre um pintor do absurdo [...] e ninguém consegue acreditar numa literatura do desespero.

Assim, de todas as vezes que julguei captar o sentido profundo do mundo, foi a sua simplicidade que me perturbou.

A esperança se introduz no meio da humildade.

Albert Camus

Sumário

NOTA 1
A intuição teológica e as três costelas essenciais, 11

NOTA 2
Esta vertigem da lucidez: dois tipos de esperança, 15

NOTA 3
A calma trágica em Antígona, 19

NOTA 4
A resposta bíblica à Antígona:
a esperança como alegria prática, 25

NOTA 5
A esperança como virtude prática, 31

NOTA 6
A fuga estoica do mundo, 35

NOTA 7
Desejo e contingência no epicurismo, 39

NOTA 8
Desesperar da razão como esperança no ceticismo, 43

NOTA 9
A esperança niilista, 47

NOTA 10
O desespero na política, 53

NOTA 11
O repouso em si mesmo como esperança moral, 57

NOTA 12
Só os pecadores verão a Deus, 61

NOTA 13
O desespero do desejo, 65

NOTA 14
Envelhecimento como mentira e doença, 69

NOTA 15
A consciência e os afetos como desafios, 75

NOTA 16
O futuro como um continente assustador, 79

NOTA 17
Desespero do amadurecimento, 83

NOTA 18
O desespero do bem, 87

NOTA 19
O desespero como redenção:
um pequeno diálogo entre gigantes, 91

NOTA 20
O duplo método da esperança, 95

APÊNDICE
A peste em meio à esperança e ao desespero, 99

NOTA 1

A intuição teológica e as três costelas essenciais

A esperança e o desespero me assustam há muito tempo.
Neste livro, dou voz a esse susto.

O livro que você tem em mãos é devedor de dois queridos editores. Em 2015, Alcino Leite Neto, o então editor da extinta Três Estrelas, me pediu um livro sobre os dez mandamentos. Entretanto, ele colocara uma condição: que eu propusesse um 11º mandamento. Essa proposta se transformou no livro *Dez Mandamentos (+ um)*. O percurso que ali fiz significou atravessar a maior parte da escrita sobre os dez mandamentos, sem saber como eu chegaria ao 11º mandamento. Quando eu refletia sobre "não levantarás falso testemunho", como um raio, me veio a percepção de que o 11º mandamento deveria ser "Terás esperança no mundo", já que não haveria racionalmente nenhuma chance de construirmos essa esperança sem a piedade de Deus, afogados como estamos nos desdobramentos do niilismo, mesmo aqueles que nada sabem disso. A teologia profunda entende que os dez mandamentos são a manifestação da piedade na forma de regras que nós mesmos não conseguiríamos sustentar, devido a nossa vocação natural à mentira, como diria o escritor francês Georges Bernanos. Se Deus nos ensinara tantas coisas nos dez mandamentos, como respeitar os pais, o passado, as mulheres, e que não devemos matar nem mentir, enfim, Ele deveria nos ensinar a ter esperança. Aquele era um livro de teologia construído a partir da Revelação bíblica, como todo livro de teologia, mesmo que escrito por alguém como eu, que não tem fé — sou um ateu não praticante. Este é um livro de filosofia, entregue apenas às nossas próprias capacidades criativas. Mas a proposta feita a mim pelo editor Alcino Leite Neto, naquele momento impactou muito meus objetos de interesse filosófico e de vida. Desde então, reflito sobre esse binômio esperança × desespero. Volto, assim, aqui, a esse problema, a partir de pequenas notas que visam explorar na filosofia, na teologia e na literatura aquela intuição teológica anterior. Como ali, não sei aonde vou chegar.

No deserto, sempre somos chamados a essa reverência e a esse silêncio.

O segundo editor é o Mauro Palermo, da Globo Livros. Em 2020, ele me pediu um livro que tratasse da nossa época na chave do niilismo. Escrevi *A era do niilismo: notas de tristeza, ceticismo e ironia*, ao longo de 2020, lançado já em 2021, em meio à peste. Neste livro, mergulhei na literatura russa, na filosofia de autores como Schopenhauer, Cioran e Adorno, e numa análise do contemporâneo a partir do niilismo. Encerrei o livro com o problema da esperança ante o nada. Portanto, chego aqui diante de você depois de dois momentos em que a esperança e o desespero se mostraram a mim como grandes questões filosóficas.

O autor destas notas é um filósofo, muitas vezes, cético, irônico e niilista, você bem sabe. Não tenho nenhuma das boas causas que circulam por aí. O mundo hoje, nesse terreno das causas, piorou muito. Agora, as empresas também são agentes de marketing de causa. De todas, as políticas de identidade me parecem uma das mais asfixiantes, claro, além do meu óbvio horror à extrema direita. Mas, devo confessar, apesar do meu niilismo ser sincero, ele não é pleno. Laivos de esperança me acometem algumas vezes, e, até hoje, não sei de onde vêm. Toda vez que pressinto o bem, suspeito de um milagre. E isso me levou a estudar mística, filosofia da religião e teologia. Fui a essas disciplinas para não me sentir só.

Explicações científicas sempre acabam sendo banais. Se o cérebro acende aqui e ali, pouco importa. Se sou fruto apenas dessa variação de luz, então pode haver razão para o desespero. Mas não em mim. Embora saiba que a matéria como horizonte ontológico absoluto é uma das principais razões do niilismo, não o experimento cotidianamente, ainda. Porém, o risco percorre o horizonte a cada dia.

O tema do desespero me acompanha desde muito jovem. O da esperança passou a me espantar há pouco tempo. Para mim, a esperança nasce do solo do desespero, da falta absoluta de razão para tê-la. Por isso é uma virtude (como se diz no catolicismo, uma virtude teologal) improvável. Um milagre. Mas a virtude sempre guarda uma relação muito próxima com seu oposto, assim, toda ética é um combate.

Nestas notas, não me interessam detalhes formais ou "acadêmicos" — apesar de, talvez, um dia, essas mesmas notas poderem vir a ser objeto da academia. Com o tempo, desenvolvi uma preguiça semelhante a *apatheia* (ou ataraxia), com a qual sonhava os estoicos ou céticos gregos, para com as demandas formais. Minha costela anarquista tornou-se quase um tórax completo. A outra costela, a autista, revelou-se um "ativo" importante num mundo insuportavelmente tomado pelas opiniões dos ofendidos. Se a saturação já era insuportável num mundo em que qualquer idiota tem opinião, com a peste essa saturação atingiu níveis insuportáveis. A terceira costela, a estoica, me mantém minimamente são diante das demandas dos idiotas do sucesso. Agradeço a contingência por essas três costelas: a indiferença para com demandas formais, um certo "autismo" para com os comentários das redes e um estoicismo de fundo que me mantém lúcido em meio à fúria do contemporâneo.

Como sempre lembro, a virtude como cansaço e "incuriosidade" — numa tradução direta do francês —, como dizia Cioran, me parece a definição mais profunda de ética a que podemos almejar. E a esperança, entre todas as virtudes, é, para mim, a mais estranha e a mais encantadora.

NOTA 2

Esta vertigem da lucidez: dois tipos de esperança

A esperança é, para mim, o maior problema filosófico. Nesse sentido, talvez eu seja um descendente direto de Albert Camus e seu *O mito de Sísifo*. Não por causa do suicídio como o único problema filosófico (o suicídio nunca me interessou, em nenhum sentido), mas pela sensibilidade ali resguardada acerca da inviabilidade ontológica do mundo e, por isso mesmo, do maior desafio que pode existir para nós do ponto de vista ético diante dessa inviabilidade: É possível ter esperança no mundo sem desistir daquilo que acusavam Raymond Aron de praticar, a saber, "esta vertigem da lucidez"? A maior parte do mundo sustenta sua esperança numa desistência dessa vertigem. Para mim, ela se instalou como modo de ser. A filosofia, então, tornou-se o campo em que problematizei o tema da esperança e do desespero de distintas formas. Estas notas são a reflexão sobre uma rota construída na lida com esse impasse. A filosofia, para mim, nunca foi um "exercício profissional" apenas, e, nesse sentido, permaneço um descendente direto dos gregos.

A fim de organizar minimamente o início dessa rota, podemos dizer que existem dois tipos de esperança no mundo ocidental. Um eu conheço mesmo antes de ter conhecido a Tragédia, o outro conheci mais tardiamente, mas minha relação com este é mais "fisiológica". Confio no mundo sem querer. Um teólogo poderia dizer que tenho a graça da esperança. Um psicanalista talvez dissesse que pessoas à minha volta confiavam no mundo e por isso aprendi a confiar nele. Numa avaliação superficial, não consigo lembrar de nenhuma pessoa em especial do meu convívio que confiasse no mundo. Mas, como se sabe, toda virtude é prática e tímida, e alguém pode confiar no mundo, mesmo dizendo que não.

O primeiro tipo, do modo que a vejo, é a "esperança de Pandora", a esperança trágica. A esperança como um dos males que devem castigar os homens pela sua desmedida em querer conhecer a técnica do fogo. Assim pensou Zeus. Quanto mais tivermos esperança na capacidade humana, mais sofreremos, porque nunca houve esperança de fato. Para um grego, a morte é a prova máxima de que não há esperança. Tomada contra a imortalidade dos deuses, a condição mortal humana é, na verdade, tudo que precisamos conhecer acerca de nós mesmos. É isso que o oráculo de Delfos tem em mente quando diz "conheça a ti mesmo". Mas a questão não para aí. Essa morte que torna a esperança inviável para o grego (essa desesperança ontológica, digamos), é também ética e política: a desmedida será ética e política. Nossa ação será desmedida; nossa fé em nós mesmos, um erro; e a consequência é o sofrimento como efeito da esperança. A aplicação dessa lógica à ética e à política é avassaladora. Paro aqui a reflexão sobre a esperança trágica porque logo falaremos de Antígona, minha heroína trágica predileta.

E a esperança bíblica, aquela de Deus? Esta é a segunda forma de esperança no horizonte cultural do Ocidente. Erra quem toma a esperança bíblica como sendo mero fruto da ação ou da psicologia humana. Como imaginar que um povo miserável como o hebreu, vivendo em péssimas condições, espremido entre grandes impérios históricos como o egípcio, o persa, o grego, o romano (para ficar nos mais conhecidos, inteligentes e ricos), inventaria tal concepção complexa e sofisticada de um Deus, e por consequência, de uma esperança que "cai do céu" sobre o deserto do Sinai? Visitaremos essa forma de esperança em breve também.

Percebemos que, em ambos os casos, a esperança (ou a falta dela, no caso grego) tem uma raiz religiosa. Os católicos dirão "teologal": a esperança, assim como o amor (caridade) e a fé são virtudes teologais, uma vez que para tê-las se faz necessária a ação da graça divina sobre a pessoa que praticará uma dessas virtudes. Devemos lembrar que uma virtude, como toda ética, é sempre uma ciência da prática, nunca teórica.

A pergunta que logo salta aos olhos é: não haverá esperança "meramente" humana? Claro que sim. Esta será intimamente ligada ao surgimento da filosofia e da busca de alguma forma de autonomia humana construída ao redor da razão, dos afetos, do conhecimento, da técnica, da política e da vida em sociedade.

Antes de seguirmos, um pequeno reparo: apesar de até agora ter falado só de esperança, estas notas não são apenas sobre esperança, mas também sobre desespero. Vale dizer que para falarmos sobre isso de forma íntima, será bom mantermos a ideia de esperança bem próxima de nosso coração, assim como as duas formas específicas de esperança descritas aqui. O desespero gela, a esperança aquece. Aliás, para os hebreus, a melhor forma de pensar sempre foi com o coração. E para um trágico, o pensamento sem *páthos* é um pensamento desencarnado. E, aqui também, sigo de perto Albert Camus (e o filósofo espanhol Miguel de Unamuno) e sua filosofia do homem de carne e osso. A pergunta que nos acompanhará nestas notas será: É possível ter esperança no mundo? Uma questão tipicamente camusiana. Tome estas breves notas como um roteiro de alguém que se encantou com esse problema filosófico um dia, mas que jamais negará as muitas razões para reconhecer no desespero um estado de espírito que se impõe muitas vezes.

E mais um pequeno detalhe: não pretendo oferecer um roteiro de como entender o desespero e daí postular alguma forma de esperança, por isso, o trajeto será tortuoso, sem oferecer a você, leitor, a possibilidade de supor que empreendo aqui uma fórmula de esperança que vença o desespero. Esse caráter tortuoso significa que sigo um trajeto em forma de ensaio: como me vem à mente e à vontade, descrevo o percurso, sem qualquer mapa anterior que diga aonde vamos chegar. Adorno diria que este livro é um tipo de pensamento com o lápis (sua definição da forma ensaio). Talvez cheguemos, no fim, a contemplar algum tipo de esperança, mas não terá sido uma ideia construída antes da escrita em si. A escrita, aqui, segue atormentada pela possível vitória do desespero. Esse é meu convite a você.

NOTA 3

A calma trágica em Antígona

Iniciaremos nosso percurso pela tragédia grega porque ela é a minha casa.

Afinal, por que Antígona aceita sua condenação à morte? Antes de voltarmos ao enredo, é necessário um recuo histórico para entendermos o desespero dessa heroína. Se formos ao período neolítico (12 mil a 5 mil anos atrás, grosso modo), no mundo que posteriormente será conhecido como greco-romano (e, seguramente, não só nele), as famílias eram as unidades "ontológicas" em termos sociais, políticos, religiosos, econômicos e psicológicos. O chefe nesse patriarcado era aquele que mantinha a herança familiar, realizava os cultos aos ancestrais — que eram também os deuses da família —, decidia casamentos, e tudo mais. Nesse estado de coisas, a "casa", sob a qual os mortos eram enterrados, não era desse chefe, mas da linhagem familiar, era mais dos ancestrais do que dos vivos naquele momento. Os vivos tinham obrigações para com os mortos, do contrário, estes virariam demônios que destruiriam a família "descuidada" com sua ancestralidade. A ideia de herança material, como pensamos, era a menor parte, a maior era a herança espiritual. Talvez, hoje, o mais fácil seja pensar em termos de herança genética, mas ainda assim, com as terapias genéticas, a analogia perde a força. Por que a analogia perderia a força? Porque se posso curar uma herança maldita, então, tudo se resolve, e ela deixa de ser maldita. O historiador francês do século XIX

Fustel de Coulanges escreveu *A cidade antiga* e dedicou grande parte do livro a essa tradição religiosa neolítica grega.

Aquilo que valia para Grécia neolítica, valia para a Grécia das Tragédias, da democracia ateniense e da filosofia, ou seja, cerca de 2500 anos atrás: a herança familiar tinha o mesmo peso e o mesmo valor. É a partir desse fundo da cultura grega que Antígona entre em cena.

A história do infeliz rei Laios de Tebas, sua infeliz esposa e rainha Jocasta, e o infeliz filho deles, Édipo, fazia parte do repertório mítico da Grécia antiga. Ninguém sabe quem a inventou. Sófocles, que viveu no século v a.C., em Atenas, escreveu a versão mais conhecida da vida e da morte da mais famosa neta de Laios, e filha de Jocasta, Antígona, a filha mais falada de Édipo.

Imagino que, para quem não conhece a história dessa famigerada família e fez a "aritmética" das relações familiares que descrevi acima, deve ter ficado um tanto confuso, afinal, como Antígona pode ser filha de Édipo e Jocasta, já que esta era a mãe de Édipo? Eis o mito fundante da psicanálise, sustentado numa das maiores tragédias que a Grécia nos legou: o incesto de Édipo e sua mãe Jocasta. A psicanálise aqui não é o foco. O que nos interessa é o desespero de Antígona diante do fato de que ela nunca deveria ter existido e que, a cada respiração, ela exalava no mundo o odor da *hybris*, ou desmedida (ou pecado, numa aproximação com a tradição bíblica), de seu pai e sua mãe, cuja prova maior era sua própria existência. Numa linguagem mais próxima do senso comum, Antígona era a encarnação viva do pecado terrível dos pais, o incesto. Do ponto de vista da ancestralidade discutida acima, Antígona era uma aberração que comprovava a maldição dessa mesma ancestralidade. Portanto, só sua extinção, já que seus outros três irmãos já estariam mortos, romperia esse círculo maldito, por isso ela aceita a condenação à morte.

O deus Apolo, por meio do oráculo de Delfos, advertira Laios de que ele não deveria ter um filho porque este o mataria e se casaria com sua esposa, Jocasta. Os reis de Tebas não obedeceram a Apolo e tiveram Édipo. Este foi criado com pais adotivos (não vou entrar nos detalhes de como ele foi adotado). Quando Édipo cresce e vai um dia ao mesmo oráculo de Delfos (dedicado a Apolo), e fica sabendo que ele mataria o pai e se casaria com a mãe, foge de sua casa, em Corinto. O problema é que aqueles não eram seus pais verdadeiros, mas ele não sabia disso. A caminho de Tebas, mata o pai, Laios, numa briga de estrada, sem saber, obviamente, que era seu pai. Chegando a Tebas, derrota a esfinge que aterrorizava a cidade, e casa-se com a rainha viúva Jocasta, sua mãe, mas que, obviamente, ambos não sabiam um quem o outro era. Realizava assim Édipo seu destino maldito, o incesto. Com a sua mãe (na versão de Sófocles), teve quatro filhos, um deles, Antígona.

A história específica de Antígona, narrada por Sófocles, se dá quando seus dois irmãos se matam em batalha pela cidade de Tebas. Creonte, tio de Antígona, irmão de Jocasta, determina que seu sobrinho (irmão de Antígona) Policines, que lutava contra ele e queria o trono, uma vez morto, deveria ser jogado às aves e não receber as devidas honras fúnebres de um aristocrata.

Antígona se revolta e não obedece ao tio e rei. Então ele a condena à morte por emparedamento. Ao final, já diante dos dois irmãos mortos, ela chega à conclusão de que o tio tinha razão em condená-la à morte, não por tê-lo desobedecido, mas porque ela nunca deveria ter nascido, como determinara Apolo: ela era filha de um útero incestuoso.

A Tragédia de Antígona é conhecida por tratar do conflito entre a lei dos homens (a nova lei do rei Creonte, que determinara que aristocratas "traidores", como seu sobrinho Policines, não mereciam as honras fúnebres) e a lei dos deuses ou da tradição (esta sendo a representante da lei dos deuses), que determinara ancestralmente que aristocratas mortos (em batalha, ainda mais) mereciam honras fúnebres especiais. Antígona representaria a lei dos deuses e da tradição, o tio Creonte, por sua decisão de mudar uma lei ancestral, estaria no lugar dos cidadãos de Atenas e sua democracia, decidindo agir de forma autônoma diante dos temas da cidade.

Grosso modo, é claro, vemos nessa tragédia o conflito entre o passado determinado pelos deuses e pelos ancestrais e o presente e o futuro, aberto à decisão humana. Os autores trágicos são famosos por penderem para uma posição mais tradicional, antes de tudo, num gesto de reverência e cuidado, mas o debate sobre a relação dos homens com o peso da ancestralidade já estava posto.

Antígona não cede no seu respeito pelos deuses contra a condenação à morte determinada por seu tio. Pelo contrário, ela aceita a condenação à morte por respeitar a vontade dos deuses: ela era fruto de um útero incestuoso e, portanto, devia deixar de existir.

A repetição é proposital. Ser fruto de um útero incestuoso significa que sua existência é criminosa, logo, ela deve morrer. Não há esperança para Antígona. A vida infeliz que toda sua família tivera era consequência da maldição anunciada por Apolo. Não há liberdade nesse universo. O destino está traçado, qualquer ilusão de liberdade significa a realização da própria maldição que nega a liberdade. Édipo sabia mais do que devia (sabia que mataria o pai e casaria com a sua mãe), mas sabia menos do que precisava (não sabia quem eram seus verdadeiros pais). Essa "conta" define a condição humana: tomamos decisões baseados no muito que sabemos, mas também em cima do vazio da nossa ignorância acerca da totalidade das coisas que determinam a vida.

Onde está o desespero aqui? Antígona resolve o desespero trágico pelo que a fortuna crítica chama de calma trágica. Ela caminha para a morte com a dignidade de quem sabe que só sua morte pode corrigir o erro dos seus ancestrais. Numa comparação radical, ela chega perto da condição de Cristo ao morrer pelos pecados do mundo, apesar de que no caso deste, a aceitação da sua morte é signo de esperança e não de desespero. O desespero de Antígona é a prova de que toda esperança humana é uma ilusão: nunca somos livres de fato, principalmente quando nos iludimos e não pensamos de forma ampla e aprofundada sobre nosso lugar na cadeia infinita de causas (a maioria desconhecida por nós) que age sobre o mundo e sobre a nossa vida.

Quando lançada contra o destino humano (destino este objeto de forças cegas), a esperança se despedaça de distintas formas. Nossas notas discutem algumas dessas formas.

Aristóteles, em sua *Poética*, diz que o objetivo estético da Tragédia é gerar em nós terror e piedade. Terror e piedade são afetos. Terror diante da desgraça que se abate sobre a heroína ou o herói, terror diante do fato que ela e ele nos representam, na medida em que estamos submetidos às mesmas forças do destino que eles. E piedade, já que a desgraça nos leva sempre à reverência do sofrimento (quando) percebido como injusto e atroz. Para Aristóteles, portanto, a ética da Tragédia é estética, esta é o conteúdo cognitivo em questão. Não saímos mais "inteligentes" da Tragédia, saímos mais humanos, com medo, piedade e reverência pelo sofrimento implícito em nossa condição. Desdobra-se daí uma forma de esperança sutil como afeto e não como ideia, e, portanto, uma filosofia dos afetos morais, que se desenvolverá muito a partir dos séculos XVIII e XIX na filosofia britânica: sentimentos morais, afetos morais e não só moral racional. E a empatia (sofrer com o outro) gera esperança.

O desespero trágico de Antígona permanece, assim, como referência para toda reflexão filosófica consistente acerca da esperança. Foi isso que Albert Camus entendeu claramente. A ancestralidade de Antígona a condenou à morte, não sua desobediência às leis dos homens e da pólis. Sua resposta ética foi a calma trágica: nossa heroína caminha para a morte tranquilamente. Seguindo de perto a afirmação aristotélica segundo a qual o objetivo da Tragédia é nos levar ao terror e à piedade, duas formas de afeto, perguntamos: seria o afeto da tranquilidade de alma em Antígona, a calma em si, a única resposta possível à indagação sobre como viver sem esperança? Ética e estética se unem aqui, como já disse Nietzsche: "a resposta sobre o sentido ético da vida é uma resposta estética". No final das contas, o coração da vida é o *páthos*, não as *eide* (ideias), como em Platão. Esperança é uma forma de paixão, não uma concepção de vida ou de mundo. A resposta ao desespero é do campo dos afetos e das paixões, não necessariamente alegres.

As notas que se seguem terão sempre o olhar de Antígona sobre elas. E este olhar nos diz que não há esperança jamais. A própria ilusão dessa esperança destrói qualquer esperança. Será isso verdade? Ou terão razão Abraão e Cristo, simétricos opostos de Antígona?

NOTA 4

A resposta bíblica à Antígona: a esperança como alegria prática

Na nota anterior, fiz um paralelo inusitado entre Antígona e Cristo quanto à morte de ambos como resposta ética aos pecados dos antepassados. A comparação tem pouco fôlego, mas foi pensada assim. No caso de Antígona, ela morre para erradicar o erro dos pais e avós, sua permanência na existência era uma aberração. Não há nenhuma redenção propriamente para ela, apenas a eliminação da impureza que era ela mesma. A redenção para o povo grego no máximo está relacionada a uma linhagem real incestuosa no seio do trono de Tebas. No caso de Cristo, sua morte para redimir os pecados do mundo não era um problema apenas familiar. Com ela, ele deu esperança à humanidade de que a morte (e uma vida infeliz) não seria o fim de tudo.

Vale a pena frisar que Antígona não ilustra apenas um caso de família. Ela representa a condição humana desesperada na Tragédia. A negação da esperança, ou a "esperança de Pandora", da qual falamos antes, como um mal em si, permanece como uma ferida aberta em qualquer filosofia que tente enfrentar o tema Esperança × Desespero. Qualquer filosofia sobre a esperança é uma filosofia que sangra.

E Cristo ilustra qual condição humana diante do desespero? Cristo é o encontro entre o Deus israelita e o homem, num só corpo. É o homem na sua condição teológica plena. É o "homem do futuro" do cristianismo. É o homem que realiza a "trajetória" que descreverei a seguir.

Cristo é um descendente direto dos heróis bíblicos do Velho Testamento, ou Bíblia Hebraica. Vale a pena salientar que aqui pouco me importa a polêmica religiosa em si, entre judeus e cristãos, acerca do caráter messiânico ou não de Cristo. Tomando o Novo Testamento como um herdeiro direto do Velho Testamento, inclusive na medida em que Jesus é um típico judeu da sua época, a linhagem de Abraão ao Cristo aqui faz todo o sentido.

A esperança hebraica é um misto de esforço humano e graça divina (vou assumir o termo cristão "graça" para descrever a ação livre de Deus no mundo). O homem bíblico é um homem que vive na companhia de seu Deus, como diria o filósofo judeu-alemão Franz Rosenzweig, do século xx. Viver na companhia de Deus implica uma antropologia específica, aquela que é continuamente afetada pela presença do Criador. Não deve ser uma coisa fácil viver sob o constante olhar de Deus. Aliás, essa convivência com Deus foi e é constantemente estudada e descrita pelo que a tradição em estudos da religião costuma chamar de literatura mística, nas suas diversas formas. A mística não é nosso objeto de atenção aqui. Já escrevi muito sobre esse tema, que, aliás, me fascina.

A antropologia bíblica implica um homem rasgado pelo transcendente, tendo que lidar com ele, seja no âmbito espiritual, psicológico, social, ético ou político. Essa presença do transcendente implica, por sua vez, um processo de "acomodação" a essa presença contínua de Deus e suas demandas. A promessa feita por Deus a Abraão, refeita via Cristo, significa muito mais do que a mera salvação do mundo ou da humanidade, antes de tudo porque a teologia hebraica não é uma teologia da retribuição: Deus não nos deve nada. A aliança com

Deus, base inicial da esperança bíblica, não é uma aliança simétrica entre duas partes em pé de igualdade. Deus não precisa do homem para nada. Não retribuição aqui significa que não devemos seguir a vontade ou a Lei de Deus porque assim garantimos um "futuro melhor" (pouco importam aqui todas as formas de teologia da prosperidade em voga, versões populares da equivocada tese acerca de uma retribuição hebraica inexistente). Por isso, a aliança começa com a humildade diante de Deus. Deus pode fazer o universo desaparecer se quiser, logo, você deve lembrar disso quando se dirigir a Ele. Abraão, sabia bem disso, por isso sempre se referia a si mesmo como pó e cinzas quando se dirigia a Deus. Viver sob o olhar de Deus é viver sabendo que a existência é um milagre em si (uma graça), pois Ele mantém o Ser existindo simplesmente porque Ele assim o quer. Milagre não é a interrupção das leis da natureza, como no caso do Mar Vermelho. Milagre é a existência da natureza em si. Por isso, o filósofo judeu-alemão Leo Strauss nos lembra que não existe no hebraico antigo uma palavra para o conceito de *physis* (natureza) do grego. O Ser é porque Deus assim o instaura a cada milionésimo de segundo. Viver na companhia do milagre contínuo implica saber que você mesmo é parte desse milagre. Por isso que, para Santo Agostinho, toda boa teologia começa agradecendo a existência do Ser e de nós mesmos como parte dele.

Para chegarmos à esperança bíblica, devemos, pois, começar pela consciência do milagre e pela experiência primeira da humildade diante desse milagre do qual fazemos parte. Mas essa consciência do milagre do qual fazemos parte, e da humildade decorrente, é também acompanhada pelo *páthos* da alegria. Agradecer a Deus pela vida ("*Lechaim*", o famoso brinde judaico à vida) é uma paixão alegre, não triste. A humildade bíblica não é humilhante. A humildade bíblica é uma paixão alegre. Existir é uma graça que só pode ser percebida quando entendemos que existimos pela livre e absoluta vontade de Deus, e não por alguma necessidade Dele. Deus nos tira do nada ontológico primordial porque Ele simplesmente quis. Sua vontade é incondicionada. Não há negociação com ela, nem retribuição a ser buscada. A ontologia da nossa relação com Deus é abissal. Por isso, alguns entendem que a antropologia do homem bíblico é rasgada pelo abismo ontológico entre a graça e o nada, como diria o filósofo russo Nikolai Berdiaev, do século XX. Cristo é o homem que habita esse abismo ontológico. Sofre na cruz como homem de carne e osso, ressuscita como Deus que também é. Sofre, no limite, porque quer nos ensinar que só se ganha a vida quando se atravessa o medo de perdê-la. Daí a segunda grande virtude bíblica: a coragem. O Deus de Israel não gosta de covardes.

Ao contrário do nada a que Antígona deve se reduzir para curar sua ancestralidade e a Grécia mítica, o nada do qual Deus nos tira, e que nos acompanha em nossa finitude, é a "prova ontológica" de que viemos ao Ser por razão alguma, senão pela vontade do Criador. A esperança bíblica deita raízes nessa alegria. Só que como uma virtude ética que é, a esperança é experimentada somente na prática. Como seria a prática dessa forma de esperança?

Na Bíblia, a prática da esperança nasce de uma vida permeada pela humildade e pela coragem. "Apostar" em Deus, como diria Kierkegaard no século XIX, é "saltar na fé", é acordar de manhã com o gosto de que a cada dia se refaz a Criação cada vez que respiramos. A confiança no mundo é a prática última da esperança bíblica, e a Bíblia é, ao fim, uma obra poética. A esperança bíblica é de ordem estética porque é poética.

Quando Dostoiévski diz que "a beleza salvará o mundo", é dessa beleza que ele fala. A beleza de Cristo está nos detalhes dos seus atos cotidianos. Enfim, só os alegres verão a Deus.

NOTA 5

A esperança como virtude prática

Afirmei no meu livro *Como aprendi a pensar: os filósofos que me formaram*, da editora Planeta, que sempre suspeitei que a filosofia fosse uma busca pela esperança. Ainda que não pretenda fazer essa afirmação no sentido universal (nunca tenho essa inquietação de participar de qualquer que seja "o universal"), continuo, depois de alguns anos de prática filosófica, a sustentar essa suspeita.

Quando abandonei a carreira médica pela filosófica, o fiz porque não sentia prazer no cotidiano médico e quando projetava meu futuro nesse cotidiano, percebia que o problema persistiria. Um cotidiano sem gozo com o passar das horas me seria insuportável. Hoje, suspeito que esse passo pode ter salvado minha vida. Continuo não suportando um cotidiano sem gozo. Aquilo que fora uma simples intuição, hoje pode ser compreendido tanto à luz freudiana, quanto à nietzschiana e à camusiana: fiz uma escolha certa. Levando em conta que no mundo contemporâneo, já como herança moderna estabelecida na História, a vida é trabalho em grande parte, minha intuição era que sem gozo no trabalho não haveria esperança. Agora entendo que a esperança para mim já era, mesmo inconscientemente e sem "conceito", uma prática e não uma "ideia" acerca da vida. Nesse sentido, permaneço aristotélico: a ética é uma ciência da prática.

Entre Nietzsche e Camus, definiria minha compreensão da esperança como uma experiência da ordem estética. Muita gente acha que estetizar a vida é uma forma de niilismo. Por quê?

Estetizar a vida é entender que ela é, antes de tudo, uma experiência de gozo, o prazer com as horas, e não uma mera disciplina de preenchê-las com atividades encadeadas. Diante de indagações essenciais, para alguns, acerca do sentido existencial ou ético da vida, o filósofo que a estetiza (que a vê como experiência sensorial antes de ideacional) responde: o sentido é o gosto. Esse gosto pode ser o prazer retirado de uma atividade profissional, da criação de um conceito ou uma empresa, de uma aquisição de bens, de uma viagem, ou mesmo de algo mais prosaico como o gosto que se sente ao beijar a boca de uma pessoa. Ou ainda, a experiência da beleza sublime de um espaço vazio em meio ao deserto ou diante de uma montanha. Ou a visão esmagadora de cataratas e seu ruído ensurdecedor. Ou a visita a um templo religioso absolutamente vazio e silencioso. Mas como esse tipo de experiência seria niilista?

Antes de tudo, porque ela parece desfazer a sustentação eterna do sentido das coisas. Esse argumento por si não se sustenta. Muito do que Kant entendia como sublime ou mesmo o que os místicos narram como a experiência direta do divino via o sublime da natureza, ou a beleza da música sacra, se dá no âmbito de um vocabulário religioso de teor estético. Logo, a estética é, na verdade, um dos caminhos privilegiados para o continente religioso, que muitas vezes fundamenta o pressentimento do divino. O vínculo com o niilismo está em outro lugar. Está no fato de que uma vida estética parece sempre correr o risco de tornar-se sadiana e indiferente ao sofrimento no mundo. A vida estética parece pouco comprometida com a dor do mundo.

Esse modo de crítica tem fundamento. E quando a experiência do gozo ou do prazer for impossível? Como superar a dor, o sofrimento, a morte, a finitude e as frustrações decorrentes?

Responder a essas questões é fundamental quando se faz notas sobre o desespero e a esperança. Mas a verdade é que a finitude, e tudo que dela decorre, não invalida o pressuposto de uma vida em que a esperança seja fruto do gozo estético com a própria vida. Tampouco invalida o fato de a esperança ser uma virtude prática — a rigor, lembremos, só existem virtudes práticas. Mas a verdade é que a esperança como virtude estética tem a consistência de uma chama que aquece e, por fim, se extingue ao longo de uma vida curta.

O problema é que a tristeza e o desespero se apresentarão em algum momento da vida. O estoico terá seu momento de fala: Como a esperança sobreviverá à finitude? Como responderemos à falta de liberdade de Antígona diante do destino? Afinal, qual é o fundamento último do desespero como afeto primeiro da condição humana?

Antes, um pequeno reparo: os antigos, mais do que os contemporâneos, tinham mais claramente a percepção do destino como força cega agindo sobre nós. Hoje, com os avanços técnicos, jurídicos e políticos, temos a sensação de que acuamos a cegueira do destino. Ledo engano. O destino de Antígona não é apenas o enredo do incesto de seus ancestrais, é o fato de que a qualquer hora o peso da contingência, ainda que escondido nos detalhes, desaba sobre a vida. E aí, a coragem, a mais rara de todas as virtudes, aquela que Antígona representa no seu máximo, permanece como a última parceira da esperança. E um dos nomes mais comuns da contingência, mesmo nas tragédias gregas, é a peste. E esta conhecemos bem.

NOTA 6

A fuga estoica do mundo

Há dois modos essenciais de como o estoicismo enfrenta o desespero. O primeiro é a finitude em si mesma: só o *logos* permanece e, por isso mesmo, devemos aprender a viver conforme o que ele nos ensina (daí vem a constante acusação de que o estoicismo prega uma resignação como forma de vida). O segundo, mais social, psicológico e político, se refere ao engano que é o mundo e suas instituições. Esse segundo é, talvez, mais sedutor. Mas este depende diretamente daquele; não há como tratá-los separadamente. A esperança é escapar do mundo, de alguma forma.

O *logos* é duradouro, nós não. Somos efêmeros. A efemeridade das coisas atormenta a alma estoica, por isso a pergunta de Sêneca: "Como manter a tranquilidade da alma diante da brevidade da vida?".

Grande parte da literatura de autoajuda contemporânea tenta responder a essa pergunta. Engana-se quem pensa que ela seja uma questão apenas para o leito de morte. A brevidade da vida se inicia com a consciência dela mesma.

O estoicismo é sedutor justamente porque fala de um mundo em que a possibilidade de enfrentá-lo está em nossas mãos, não nas dos deuses. Aliás, a acusação que faz Agostinho a eles é exatamente que a *autárkeia* estoica (autonomia estoica) era uma forma de orgulho. Resistir ao engodo do mundo e ao medo da morte não estaria ao alcance de nossa decisão racional, para Agostinho. Opõem-se aqui duas antropologias: a da insuficiência, tipicamente hebraica e cristã (o homem tem necessidade da graça de Deus para existir em todas as dimensões) e a da suficiência, buscada pela filosofia grega como forma de reação à "miséria de Antígona" diante da inexorabilidade do destino.

A filosofia aposta, ainda que de forma não ingênua, na capacidade humana de ter esperança nas "ferramentas" humanas (racional, cognitiva, política, social, psicológica, epistêmica etc.). A proposta estoica deve ser vista nessa tradição: o intelecto nos diz que tudo é efêmero, afora o *logos* que tudo cria e descria, logo, a atitude inteligente é não negar essa efemeridade e tirar dela o que haveria de sabedoria. Desesperar da vida é querer que ela seja mais do que é, é querer eternidade onde não há, perenidade onde é impossível. Iludir-se é crer em fantasias, por isso o temperamento estoico tende a uma melancolia leve como afeto que liberta você da ilusão. O estoico é melancólico não porque seja deprimido no sentido contemporâneo, mas porque ele é sábio em reconhecer os riscos dos afetos demasiadamente alegres que nos enganam. A vida perto da natureza nos ensina os limites a percorrer: usufruir do presente sem grandes "projetos". E aqui, creio, o estoicismo cala fundo na alma contemporânea.

O mundo contemporâneo é um parque de diversões. Recentemente, vi um comercial de TV em que lavar a privada juntos (tratava-se de um casal executando as tarefas de casa), graças ao perfume maravilhoso do produto próprio para lavar a privada, se transformava numa coreografia. De repente, eles começavam a dançar como se estivessem numa festa. Um comercial como esse carrega em si toda a ilusão que o estoicismo critica. É muito difícil ficar triste num mundo em que tudo deve ser um evento.

O imperativo da não tristeza é a rota mais direta para a tristeza. A melancolia no estoicismo é uma decorrência da inteligência, não da incapacidade de viver. Num mundo regado ao espírito de eventos e festas, a inteligência naufraga na impossibilidade de afirmar o que ela vê: a melancolia, como afeto do intelecto ativo, se transforma no desespero de um coração que se vê obrigado a ser idiota para participar do contrato social feito sob a forma de um parque temático de afetos eufóricos. Uma alma tranquila no sentido estoico não é uma alma deprimida, é uma alma minimamente madura. Num cenário como o nosso, em que o retardo mental e afetivo é imperativo categórico ético, o estoicismo nos lembra que a pior forma de viver é a mentira do afeto. O desespero aqui torna-se um modo de resistência à estupidez alegre. O desespero estoico é uma forma de esperança. Desesperar as mentiras do mundo pavimenta o caminho para alguma forma de esperança silenciosa e quietista. Daí ela ser uma "fuga mundi", como dizemos na filosofia. Fuja do mundo para melhor cuidar dele e de si mesmo.

NOTA 7

Desejo e contingência no epicurismo

É possível ter esperança no prazer? O prazer nos tira do desespero? O termo epicurista ou hedonista, tomados como sinônimos, nos remetem ao epicurismo antigo, apesar de terem sofrido uma grande transformação semântica ao longo do tempo. Essa transformação se refere ao sentido da palavra "prazer" (*hedoné*) tal como era entendido por Epicuro na Grécia Antiga e como o entendemos hoje. Para começar, portanto, vamos recuar no tempo um pouco e ver o que o epicurismo antigo entendia por prazer.

A filosofia antiga, medieval, e mesmo a moderna, em grande parte, sempre desconfiou do *páthos* (paixão). A busca filosófica antiga sempre foi pela autonomia de alguma forma. Se isso é muito claro entre os estoicos, não é por isso menos verdadeiro no epicurismo. E aqui surge a raiz do mau entendimento do que significa prazer como forma de busca de sentido no epicurismo antigo. Para eles, a esperança está no prazer porque este é entendido como uma vida liberta da escravidão do desejo. Logo, nada tem a ver com o entendimento contemporâneo de prazer. Hoje entendemos prazer como realização máxima do desejo — mesmo os que mentem fingindo não ser consumistas. A chamada sociedade do pós-consumo é, na verdade, uma forma de consumo nichado e de luxo.

A suspeita antiga era que o desejo causa desespero. Qualquer contemporâneo sabe disso. O desespero epicurista era ser escravo do desejo. A lógica deles era que, tendo uma vida baseada nas necessidades básicas, sem exageros, atingiríamos o verdadeiro prazer que é a liberdade de não passar a vida correndo atrás de mais comida, mais vinho, mais poder e mais sexo. Por isso se tinha esperança no prazer.

Podemos dizer o mesmo de nós, contemporâneos? Não creio. Apesar de que todo o mundo gira ao redor da ideia da realização de nossos desejos, sejam eles materiais, sejam metafísicos (até os deuses trabalham para nós em nosso delírio de onipotência contemporânea), a suspeita epicurista antiga permanece válida. Quanto mais corremos atrás dos objetos de nossos desejos, mais sofremos porque sabemos que essa corrida é insaciável. O desespero do desejo é essa insaciabilidade dele mesmo. O combustível do desejo é seu próprio desespero. Um mundo que se move pelo desejo, como o nosso, tem, portanto, no desespero, sua forma invisível de combustível.

Mas há um detalhe nessa questão. Uma das formas mais duras do desejo no mundo contemporâneo é o desejo pelo controle de tudo à nossa volta. Isso já aparece em filósofos como Francis Bacon na virada do século XVI para o XVII: atar a natureza a fim de conseguir dela as respostas necessárias para criar a "Nova Atlântida", sua utopia, baseada numa vida cada vez mais saudável, confortável e segura. Essa "máxima" nos é óbvia. A "economia do controle" sobre o descontrole natural da natureza só cresce num mundo cuja esperança maior é uma vida sob controle.

O epicurismo antigo era uma forma de materialismo atomista: todo o ser se reduz à combinação infinita de átomos. Essa combinação se dá porque, num dado momento, átomos desviam ("*clinamen*", no latim do romano Lucrécio) às cegas e se colam a outros átomos cegos, formando os corpos e a natureza como um todo. Segundo nosso epicurista romano, é da natureza das coisas ser cega.

Para o epicurismo antigo, essa cegueira devia nos relaxar diante de qualquer esperança (que se tratava mais de uma expectativa ansiosa) metafísica que vinha sempre acompanhada da danação divina. Epicuro faz a primeira grande crítica à religião a partir da ideia do "capital de medo" que ela mantém sobre nosso destino, principalmente, pós-morte. Se não há vida após a morte, o medo seria menor porque uma hora "isso" acaba. Se a vida é finita e o destino (a natureza das coisas) cega, somos livres. Aqui, a contingência cega nos liberta da escravidão de buscar uma resposta além da vida comum e cotidiana. Epicuro e Lucrécio tentam, assim, reverter o medo da finitude, abrindo mão da ideia de que exista qualquer roteiro que torne a vida passível de qualquer forma de controle crescente. O ser profundo das coisas é cego. O controle sobre as coisas é finito, a contingência é infinita. Logo, devemos, no pequeno espaço que nos cabe, controlar nosso desejo e mantê-lo "minimalista". Assim sofremos menos, porque um desejo não minimalista cria uma ilusão fantasmagórica de controle e sentido que se despedaça contra a cegueira das coisas. O desespero nasceria do fracasso em repousar na cegueira última de qualquer sentido. A esperança nasceria, por sua vez, dessa cegueira mesma, que nos guia em direção a uma vida sem grandes expectativas.

Como dirá o grego Nikos Kazantzákis, do século xx, seguindo os epicuristas antigos de perto: "Não desejo nada, não espero nada, sou livre". Será mesmo possível atingir tal nível de desprendimento para com o desespero? É possível viver sem esperanças e sem expectativas de médio ou longo prazo?

NOTA 8

Desesperar da razão como esperança no ceticismo

A ideia de esperança parece sempre estar associada à de crença em alguma coisa: deuses, história, ciência, política, eu mesmo (a pior de todas). As perguntas são: há esperança no ceticismo? Qual a forma de desespero específica no ceticismo?

O ceticismo desespera da razão. Isso faz muita gente achar que ele é sempre uma ferramenta niilista. O objetivo do ceticismo não é fazer uma defesa do niilismo, mas perder a esperança nas construções mais mirabolantes da razão. E daí nasce a esperança que transita pela escola cética: a ideia de que os hábitos, os costumes e as tradições carregam em si uma sabedoria que não seria possível analisar "geometricamente". A esperança cética desagua numa política de sensibilidade conservadora. O que é isso?

Essa forma de sensibilidade é profundamente esperançosa na medida em que crê na capacidade de a humanidade criar, ainda que ao longo de muito tempo e de modo não plenamente ao alcance do escrutínio da razão, formas de melhor convívio entre os homens. Daí o valor do hábito para a filosofia de um cético como David Hume, no século XVIII. Essa forma de esperança é de difícil apreensão, considerando que não serve a uma semântica militante. E quando assim o faz, torna-se grosseira como aquilo mesmo que o ceticismo político quer combater: os excessos da crença na engenharia política ou num governo com "concepção de mundo". A sensibilidade conservadora de raiz cética também é muito clara no filósofo inglês do século XX Michael Oakeshott. Para este, o racionalismo em política destrói o sofisticado tecido do convívio ancestral entre os homens, oferecendo em troca uma utopia que sempre acaba por criar uma torre de babel que despenca as expensas das pessoas que acreditavam na empreitada.

O que vemos no caso do racionalismo político, vemos, normalmente, em todas as formas de esperança que sejam fantasiosas ou empobrecedoras da realidade. Por isso, no meu entender, formas militantes de esperança sempre fracassarão. Quando não se busca minimamente compreender a realidade, tudo que se constrói a partir daí será inconsistente. A esperança no ceticismo deságua numa reverência ao passado, outra razão para ser estranha a uma sensibilidade "progressista", apaixonada pela própria imagem de si mesma refletida em sua vaidade (a redundância da frase é proposital). A pressa para o ceticismo é uma das formas do atavismo da crença: a suposição de que posso ir rápido porque domino todas as variáveis em jogo. A esperança no ceticismo pede tempo: assim como a coruja de Hegel, ela levanta voo apenas ao entardecer. Esse traço não caminha bem ao lado de um mundo obcecado pela pressa. A esperança do ceticismo deita raízes numa forma distinta de mundo que não o da eficácia. Para um cético, a humanidade precisa mais de misericórdia do que de utopias.

Mas e o desespero aqui? Como eu dizia, o ceticismo desespera da razão. Desesperar da razão implica niilismo? Não, mas num mundo sem referência ou reverência ao passado construído, o ceticismo pode, sim, engendrar o niilismo. E isso é um problema, porque o mundo moderno e contemporâneo se vê como fundamento de toda forma de conhecimento válido. A crítica do conhecimento inútil da baixa escolástica em Francis Bacon, na virada do século XVI para o XVII, aponta para essa crença numa autofundamentação moderna do valor do mundo e da história. A modernidade se vê como uma espécie de super-homem nietzschiano encarnado no espírito absoluto de Hegel.

Por isso se teme tanto a crítica cética ao atavismo da crença no mundo moderno: nada resta à modernidade além da crença em si mesma e na sua autofundamentação do valor do mundo e da história. A crença, quando repousa numa longa construção no tempo, revela-se menos danosa. Quando é construída na pressa e na vaidade, tende a ser pior ainda.

O maior impacto do ceticismo não é, como muitos pensam, na capacidade de você se transformar num "jogador epistemológico", mas no âmbito da moral e da política. A esperança é uma virtude, portanto, trata-se de um conceito moral, e como toda virtude, ela é uma prática e não um discurso acerca do mundo. O ceticismo também é uma prática, nada lhe é mais estranho do que a vaidade da teoria. Ao "crer" mais na prática do que na teoria, e na prática ancestral, o ceticismo é um modo sutil e sofisticado de esperança na capacidade humana de resolver problemas e se manter ao alcance do ser (permanecendo na existência), e não do nada. Portanto, longe do niilismo (*nihil* = nada).

NOTA 9

A esperança niilista

Na nota anterior, tocamos no tema do niilismo (*nihil* = nada). Se nos propomos a fazer algumas notas sobre o desespero e a esperança, é fundamental enfrentar o niilismo como forma filosófica, talvez, máxima.

Um pequeno reparo histórico e semântico: não há como tratar do niilismo sem examiná-lo na sua espessura histórica e na sua amplitude semântica.

O niilismo nasce como uma predisposição melancólica no romantismo alemão, na virada do século XVIII para o século XIX. É muito claro na filosofia de Schopenhauer: é a negação de qualquer realidade ontológica última que não uma vontade louca, cega e irracional, autodestrutiva. A raiz material do niilismo é o mal-estar romântico: a modernidade destrói os vínculos materiais com o mundo anterior a ela. É interessante notar um certo resíduo de ódio ao Ser em toda forma de niilismo. O niilismo odeia o mundo.

Naquela forma de niilismo gerado pela filosofia de Schopenhauer, o mundo é uma ilusão, criada por uma louca. E nós somos parte dessa ilusão, em que a única consistência da realidade é o sofrimento. Sofro, logo existo. Não há fundamento para qualquer esperança já que o Ser é em si irracional e destrutivo. As formas de vida, na sua luta incessante de sobreviver, comem umas às outras numa fúria que faria inveja a nazistas. Percebemos uma certa semelhança com o pessimismo cosmológico do gnosticismo cristão do início da era cristã em que o mundo teria sido criado por um deus mau.

O niilismo moral seria consequência dessa ontologia perversa. Como viver diante de tal realidade? O niilismo originário, na sua predisposição melancólica, deita raízes nessa ausência de fundamento da moral. Se não há como pressentir o bem em algum lugar, não há como respirar esperança. Ao afirmar uma ontologia do mal (ou do nada) como raiz do ser, o niilismo inviabiliza a vida como projeto que não enlouqueça em algum momento.

Essa dimensão derrotista do niilismo irritava Nietzsche. Por isso, nosso filósofo do martelo criará outro campo de significado para o niilismo, que é entendido por muitos como uma espécie de niilismo ativo, em contraposição ao passivo, anteriormente aqui descrito. Nesse niilismo alegre, é justamente por não haver nada no cosmos além da vontade de potência, força criadora e destruidora em dança infinita e eterna, que somos livres. É a falta de sentido maior da vida que gera a alegria e a liberdade. Este é o "personagem" do super-homem.

Nietzsche se via como um filósofo da crítica do ressentimento, esse afeto triste que apequena a vida em nome do medo da solidão cósmica e da ausência de sentido. O ressentido odeia o mundo porque este mundo é, no limite, indiferente a ele e às suas expectativas. O niilista é, de partida, um revoltado de bolso. Um medroso. Por isso, a coragem é a parteira da condição niilista como libertação. Nesse caso, é muito claro o vínculo entre coragem e esperança.

Ainda que operemos essa verdadeira inversão de sentido semântico da palavra "niilismo" que propõe Nietzsche, permanece difícil não o associar a um certo medo profundo. Para Nietzsche, uma vida liberta do medo seria, porém, uma vida em que, apesar de não haver esperança, há gozo e potência. Por isso, ele é um filósofo estetizante. É possível haver esperança numa vida estetizada baseada no gozo, como já discutimos? Sim, diz o filósofo do martelo, se a superação do medo refizer o Eros adoecido pelo ressentimento e pelo medo.

Uma vida estetizada é uma vida vivida à luz do prazer, das sensações, do gozo da existência, da coragem. A acusação à vida estetizada é que ela se dissolve quando o sofrimento aparece. Nietzsche parece crer que o gozo do guerreiro, a luta (como numa idealização do guerreiro antigo do tipo Aquiles), como paradigma da vida, geraria um tipo de sensação em que questões antecipatórias como "há esperança no mundo?" perderiam sentido em favor de "sinto gozo no combate". A força de seu pensamento não está nessa idealização, mas na valorização da coragem como fonte de sentido e de esperança. A rigor, não se pode abrir mão da coragem na "economia" da esperança. A coragem é geradora de esperança. A covardia é irmã gêmea do desespero. Mas apenas na desesperança de qualquer ordem transcendente que nos salve podemos abrir as portas da esperança trágica nietzschiana.

A esperança trágica nietzschiana é uma releitura da tragédia à luz das virtudes guerreiras. Reverência pela coragem de Antígona, é o que importa. Nesse sentido, podemos dizer que a esperança é a coragem, e o desespero é a covardia que apela a um sentido que não existe. Uma leitura de Nietzsche como um pós-moderno a favor da falta de educação e agressividade como marcas do super-homem é pouco consistente. Seu ideal de homem ama a vida justamente porque ela é bela na sua finitude e fragilidade.

O niilismo também passará por uma ressignificação na sua chegada à Rússia do século XIX. Turguêniev é o primeiro a capturar a dialética psicopatológica dos jovens niilistas russos de então no seu romance *Pais e filhos*. Dostoiévski, na sequência, no seu romance *Os demônios*, descreve o niilismo político típico dos jovens russos do século XIX, ancestrais dos bolcheviques. Em ambos os casos, o niilismo é mais do que uma teoria da falta de sentido do mundo, ancorada num ateísmo virulento; é uma prática política "revolucionária" que visa à destruição da ordem vigente, das famílias, da Igreja e da monarquia tsaristas. Os niilistas russos foram terroristas. A não fundamentação absoluta da moral, típica do niilismo, aqui se organiza ao redor de uma prática violenta em nome de outra ordem de mundo. Essa ordem se revelará, ao longo dos séculos XIX e XX, como a revolução bolchevique. Os niilistas russos deram à luz o sistema soviético.

Entre os russos, o conde Nikolai Berdiaev verá no niilismo a afirmação de nosso parentesco ontológico com o nada. Para ele, ou nos aproximamos de nossa raiz divina e sua força criadora (Deus é criador, artista), ou nos afogamos no nada que nos habita. Esse paradoxo ético molda a opção filosófica de Berdiaev numa visão um tanto aristocrática e trágica da vida espiritual: aqueles poucos que entendem o drama humano, aristocratas espirituais, sabem que combatemos continuamente a raiz do nada que nos habita, e isso nunca acabará.

Sartre também enfrentará a acusação de que seu existencialismo seria uma forma de niilismo, na medida em que afirma que a existência precede a essência, portanto nega para a vida qualquer sentido a priori. Sua reposta é que seu existencialismo era uma forma de humanismo: o destino do homem é o homem e sua história. Afora o fato de esse humanismo ser o marxismo para ele, o medo do desespero que habita sua filosofia levou

Sartre a apostar numa esperança política dura, mesmo soviética, por tempo demais.

    Enfim, o desespero habita o coração do niilismo. A única forma de enfrentamento dele é a ideia de esperança como irmã da coragem e a força criadora na vida, tendo a originalidade na vida como método (ter a própria vida como obra de arte, como afirma Richard Rorty, no século xx, sobre a filosofia nietzschiana). Pode parecer absurdo, mas sendo a esperança uma prática, não é tão impossível nos tornarmos alegres, ainda que imersos na negação teórica de qualquer sentido maior da vida. No final das contas, a coragem é bela como forma de vida. Ela não garante a vida, mas impede que você perca sua alma.

NOTA 10

O desespero na política

Eis um modo de desespero que desespera (redundância proposital) muita gente nos últimos tempos, pelas mais diversas razões. A mim, esse vírus nunca contaminou de fato. A política é, como já disse em diversas situações, uma ferida que devemos cuidar para que não se infecte mais ainda do que já está. A política é uma ferida infectada. É assim que você deve entender minha reflexão a seguir sobre o desespero na política.

Se olharmos para as posições de Platão e Aristóteles, pais da reflexão política entre nós, vemos duas grandes correntes do pensamento político em disputa. A platônica vê a boa política como uma superação da própria política. A aristotélica vê a política como o terreno, necessariamente, do conflito insuperável. A política é a busca de possibilidades de esquemas e instituições que aliviem esse conflito insuperável.

A tradição utópica platônica funda o desespero máximo na política porque cria o ideal de um homem que não existe, portador de uma racionalidade irreal. Mas nem por isso ela deixou de, com "sucesso", criar concepções de "sociedades fechadas" como dirá Karl Popper, no século xx. Hegel e Marx seriam filhos diretos dessa proposta de política que visa abolir justamente a política de uma vez por todas. A linhagem aristotélica, passando por gente como Maquiavel, John Locke, John Stuart Mill,

Tocqueville, James Madison, Alexander Hamilton (os dois últimos, federalistas), ou mesmo Isaiah Berlin, já no século xx, guardando-se as devidas diferenças, seria mais associada à "sociedade aberta", ainda segundo Popper, objeto de forças em conflito que nunca terminam, mas que podem assimilar esse mesmo conflito, acomodando, institucionalmente, suas tensões, na medida do possível.

Mesmo que eu tampouco compartilhe essa forma suave de utopia liberal de Popper, entendo que a aceitação aristotélica da imperfeição como traço estrutural da vida política é essencial. A suave utopia liberal carrega hoje, me parece, grande parte da esperança em agonia quando falamos em política. A forma fechada de sociedade, utópica por excelência, fracassou em todos os níveis ao longo do século xx, abrindo espaço para uma ideia de que o sistema de democracia liberal associado à economia de mercado (sociedade aberta, portanto) seria um único modo de organização política possível em termos da fundação de uma vida em sociedade menos ruim. O "menos ruim" aqui é fundamental para que a suave utopia liberal não produza mais agonia.

Mesmo que assuma esse postulado (de que a democracia liberal de mercado venceu) como historicamente válido até então, não vejo como necessariamente evidente que essa sociedade democrática se sustente de modo fácil, basta pensar na concorrência com o modelo chinês. E aqui nasce a forma de desespero político que considero típico da nossa época, mesclando expectativas tanto da utopia liberal suave quanto da utopia dura de matriz platônico-marxista.

Como já apontava Aristóteles, a política deve acomodar dois tipos de pressões estruturais. Uma vinda do fato de que quem deve governar são "os melhores", a noção de aristocracia por definição. A mesma preocupação aparecerá em Tocqueville e nos federalistas: é necessário que os mais capazes administrem a sociedade. Mas, por outro lado, estes podem facilmente transformar o governo num representante de seus interesses, alienando o restante da população. Aqui entra o elemento essencialmente "popular", ou democrático, como diremos a partir de Tocqueville, do sistema. O povo deve ter voz para modular o poder dos melhores. O problema é: como modular essa voz?

Se, por um lado, os melhores podem corromper-se e fazer o governo trabalhar para eles, o povo, já suspeitava Aristóteles (com todo o cuidado ao usar a expressão "o povo", na Grécia), pode, como dizia Tocqueville, seguindo os federalistas, formar um governo de ressentimento que se materializaria numa tirania da maioria. A imperfeição nasce justamente desse precário equilíbrio constante entre os melhores e o povo, cada um controlando o outro. Na democracia americana, esse modelo foi pensado mesclando métodos de representação direta (voto nos representantes) com métodos indiretos (voto em que se escolhe os representantes). Além disso, e seguindo Montesquieu, a ideia é contrabalançar os poderes, buscando harmonia entre eles, e, ao mesmo tempo, os mantendo operacionalmente separados um do outro, e, assim, fazendo com que limitem um ao outro.

Essa complicada aritmética política é distante da sensibilidade cotidiana das pessoas comuns, o dito povo, sobre o qual repousa a soberania nos sistemas populares ou a democracia. Esses pesos e contrapesos, ou freios e contrapesos, parecem ao homem comum mero artifício para a elite política limitar a "vontade popular". Essa pressão, vinda direto da base da soberania, deságua muitas vezes em propostas populistas como aquelas que assolam o mundo nesta segunda década do século XXI, e já o fez antes na primeira metade do século XX. Com o advento das mídias sociais, essa vocação populista da base da soberania tende a se tornar mais forte, criando um grande tsunâmi sobre as instituições políticas, sempre um tanto opacas, lentas e rasgadas por grupos poderosos de interesses.

O desespero contemporâneo na política se desenha como um ceticismo em relação à democracia representativa, sendo atacada tanto por aqueles populistas de esquerda quanto pelos de direita. Uns prometendo dar voz a todos, outros prometendo calar muitos inadequados. Ambos mentindo. A mentira na democracia é seu dia a dia. Seu caráter histórico e raro faz muitos se perguntarem se a democracia não seria contrária a uma espécie frágil como a nossa, que evoluiu num ambiente hostil e dado a guerras grupais de sobrevivência. A democracia promete muito, mas seu grande trunfo é limitar o poder, e isso sempre a faz parecer algo que limita a esperança no aperfeiçoamento da política. A democracia é o regime do reconhecimento de que conviver com a imperfeição sob controle é o menos ruim dos mundos possíveis. Isso desespera a maioria das pessoas. Nesse cenário, a esperança política começa pela aceitação da imperfeição e da prudência para com essa imperfeição cheia de poder.

NOTA 11

O repouso em si mesmo como esperança moral

Antes que a pergunta "qual seria a diferença entre moral e ética?" se forme em sua mente, vamos tentar respondê-la. O tema é aberto a controvérsias entre especialistas, principalmente depois que o mercado criou uma coisa chamada eticista ou profissional de *compliance*. Na origem, eram a mesma coisa. Ética no grego, moral no latim. Com o passar dos anos, de certa forma, a ética se transformou numa disciplina que discute normas de conduta que construiriam um melhor convívio, daí seu descendente no mundo corporativo conhecido como *compliance*. Moral é, antes de tudo, um campo mais amplo que reflete sobre a natureza humana ou o comportamento humano. Se o eticista é aquele que reflete e propõe normas de conduta, o moralista é aquele que reflete sobre as possibilidades de autonomia ou não da natureza humana diante de seus "determinantes" interiores e exteriores. O eticista se pergunta sobre a natureza do bem; o moralista, sobre a autonomia ou não da natureza humana. São campos afins, seguramente. Evidente que "moralista" aqui tem o sentido técnico em filosofia, e não o senso comum de alguém que joga regras em cima de outros e posa de santo. A ética está, de certa forma, incluída na moral. E é nesse sentido que discuto aqui o desespero moral.

Diria que o desespero moral é um dos clássicos porque atinge o coração da possibilidade de autonomia ou liberdade do homem. Na tragédia, como vimos, não temos liberdade, mas destino. Na Bíblia, o escopo de liberdade é maior, mas nem por isso ilimitado. A razão de duas grandes tradições como essas duvidarem da liberdade humana é porque temos razões suficientes para fazê-lo, mesmo deixando de lado crenças religiosas. Vejamos.

A própria fisiologia nos limita. Como sabemos, "conhece-te a ti mesmo" é "saibas que tu és mortal". A finitude, a doença, o envelhecimento, a perda das funções cognitivas e do desejo são razões suficientes para pensar nos limites da ação humana. Para não falar da pura e simples gravidade. Em tempos de peste, os limites ficam claros em todos os sentidos.

A vida psíquica também nos impõe limites na sua estrutura. Não somos os senhores da nossa própria casa, disse o mestre Freud. A evolução determina comportamentos e limites genéticos.

A vida em sociedade nos carrega de conflitos, como vimos na política, tratada antes. Temos que conviver com quem não concordamos, ou eliminá-los ou ser eliminados por eles.

O conceito de pecado, sem seu componente de fé, descreve o âmbito dos afetos naquilo que eles têm de desorganizadores. Seu império é o da desordem. O desejo é o rei da desordem, mas falaremos dele depois. Os moralistas em filosofia (no Brasil, o maior é Nelson Rodrigues) são anatomistas da alma. Iluminam os limites da nossa vontade autônoma, da nossa capacidade racional. "Ser racional", como diz Nelson Rodrigues, "é um longo e dolorido processo, como a busca da santidade." Existe esperança na santidade? Se existir, ela é da mesma raça da esperança na razão. Uma esperança imersa na dor. "O homem é um animal impreciso e inexato", como dizia Cioran, "não atinge qualquer clareza de pensamento sem sofrer."

A moral é uma das casas do desespero. Aliás, qualquer vida moral que valha a pena começa com o entristecimento consigo mesmo, como dizia Kierkegaard. A vida moral é angústia. A esperança moral nasce ali onde o desespero deitou raízes. Não há esperança moral que não passe pela verdade sobre si mesmo. A fala de Cristo sobre a verdade nos salvar pode ser compreendida nesta chave. A mentira nos lança no desespero moral. A verdade moral é o repouso em si mesmo. Uma das grandes chances que a maturidade pode nos trazer é esse repouso, finalmente. Não querer agradar o mundo, uma dádiva reservada aos mais maduros, nos aproxima desse repouso.

NOTA 12

Só os pecadores verão a Deus

É hora de falarmos de Kierkegaard e Bernanos, dois grandes "especialistas" em desespero, esperança e angústia. O primeiro, filósofo dinamarquês do século XIX, que criou a concepção de "existente" para denominar os seres humanos, e com este, a filosofia da existência; o segundo, escritor francês do século XX, que refletiu profundamente sobre a condição caída do ser humano (no sentido de carregar em si o pecado original). Mas o que um tem a ver com o outro? Um era luterano, o outro católico. Ambos deram especial atenção aos conceitos de desespero e angústia, e marcaram a reflexão posterior. Ambos deram especial atenção ao conceito de natureza humana como sendo essencialmente angustiada. Ambos foram descendentes diretos do *ennui* (angústia) pascaliano do século XVII francês. Ambos fazem uma espécie de discernimento ontológico entre angústia e desespero.

    Georges Bernanos escreveu certa feita que a angústia que nos atormenta não é um afeto triste que assalta a alma, penetrando-a através de alguma brecha do seu ser, mas a alma mesma, sua substância (como se diz em ontologia), que desde a queda é tão frágil e agoniada que se não fosse pela vigilante piedade de Deus, se transformaria em poeira pelo simples fato de olhar para si mesma.

A ideia de que angústia, seja a substância primária da alma ou da natureza humana, é um traço da filosofia existencial kierkegaardiana, sartriana, camusiana (Camus, que nunca aceitou ser descrito como um existencialista), entre outros. Somos angustiados essencialmente porque, apesar de sermos seres finitos, temos expectativas infinitas. Para Camus, especificamente, a angústia nasce da dissociação entre o ator (nós) e o cenário (o mundo indiferente a nós): temos expectativas de sentido que o mundo nos nega no seu silêncio e na sua indiferença. Temos demandas para um mundo que é indiferente a nós. Camus chamou isso de absurdo e, a revolta, não o desespero, como a forma de vida "tonificada" por uma vontade que enfrenta a falta de sentido cotidianamente. Uma esperança construída no enfrentamento desse cotidiano em uma esperança metafísica qualquer.

Em Sören Kierkegaard, há uma precariedade de sentido na condição humana que apreende a si mesma como contingente diante de um universo (e um Deus) aparentemente indiferente. Aí nasce a temática recorrente na filosofia existencial que diz que, enquanto não enfrentamos o terror da falta de sentido — a priori — da existência, não amadurecemos de fato. Em Bernanos, a angústia nasce do vazio que é a vida que quer centrar-se em si mesma, depois da revolta contra Deus.

Mas o fundamental é ver o desespero como degeneração desse fato: somos angustiados e isso nunca será diferente. Angústia e desespero não são a mesma coisa. A primeira é uma "substância" estrutural da alma ou da natureza humana, sempre inquieta consigo mesma. O segundo é um modo específico e constante de enfrentarmos a primeira: negá-la na vida prática. Esse modo nos faz desesperar da vida. Não há esperança fora do atravessamento da angústia. Não há esperança na tentativa de fugir dela. Para Kierkegaard, é essa tentativa que nos leva ao desespero.

Ele diz que tentamos escapar da angústia, basicamente, de três formas (que são quatro na verdade): via sensações (estágio estético); via uma vida centrada no bem (estágio ético); via a adesão à vida religiosa, doutrinariamente (estágio religioso I); ou apenas pelo salto na fé sem institucionalização dessa fé, a pura e simples aceitação da nossa dependência da graça e da presença estrutural da angústia (estágio religioso II). Afora este último, todos os três fracassam em conter a inundação de angústia e geram o desespero: perdemos a esperança nas dimensões estética, ética e religiosa institucional da vida. O belo não elimina a angústia, o bem tampouco, a Igreja idem. Pelo contrário, a angústia destrói a sustentação da beleza, do bem e da religião. Não há como zerar a angústia, apenas como aceitá-la enquanto parte estruturante da vida existencial. Caminhamos ao lado da angústia, em meio à contingência, denominada graça pela teologia cristã e pela fé.

Bernanos afirma que temos uma vocação natural à mentira. Mentimos porque somos aterrorizados pelo medo da vida, da contingência, da verdade última que é nossa efemeridade. Daí, caímos no desespero porque a mentira nunca tem futuro além de mais mentira. Porém, a trajetória aqui é um tanto distinta. O desespero absoluto de seus personagens, que vivem uma relação profunda com o mal, pode ser visto como uma espécie de "mística inversa", como dizem alguns dos especialistas na obra de Bernanos: o desespero absoluto nos lança no vazio e no nada, lugares privilegiados para pressentirmos a graça e a misericórdia. Quanto mais longe de Deus, melhor o percebemos, e sentimos o perfume de sua misericórdia. Só um coração arrasado pelo desespero absoluto pode afirmar: "tudo é graça", como o faz o padre alcoólatra, diante da morte, no *Diário de um pároco de aldeia*.

Tanto em Kierkegaard, numa linguagem psicológica, quanto em Bernanos, numa linguagem mística, vemos nascer o vínculo entre formas supremas de sofrimento (angústia e desespero) e a esperança. Só aqueles que perderam a esperança nos jogos cênicos da mentira podem contemplar a esperança de um dia verem a graça diante de seus olhos. Só os pecadores verão a Deus.

NOTA 13

O desespero do desejo

Talvez Liev Tolstói tenha sido um dos autores que melhor descreveu o desespero mais típico do desejo. A escolha de tratar o tema do desejo na chave do casamento, como figura máxima do ordenamento do desejo, ilumina muito bem nossa relação com essa realidade desorganizadora da vida. Ao mesmo tempo que o desejo nos move, ele nos leva ao abismo envolto no manto do prazer. É justamente entre a ânsia de uma vida segura e o abismo do prazer que reside a forma natural do desespero do desejo.

Mas, antes de ir a Tolstói, vale a pena chamar a atenção para um modo especialmente enganoso de pensar o desejo e seu desespero característico. Refiro-me à ilusão criada pela chamada contracultura. Essa forma específica de ilusão se revela geradora de desespero já na sua espessura histórica desde então. Pregando a ideia de "é proibido proibir", esse modo de pensar o desejo como algo que deve ser liberado sempre produz um esgarçamento de si mesmo que já se revela como fato nas formas mais contemporâneas de comportamento: o tédio do desejo talvez seja uma das formas mais presentes do desespero contemporâneo, filho da falsa liberdade associada ao desejo. A ambivalência entre impossibilidade e realização caracteriza a face quase insuportável da vida do desejo. Fato que os libertos da contracultura e seus descendentes infantis de setenta anos nunca entenderam. Talvez quem tenha melhor entendido isso no momento contemporâneo foi Freud e o vínculo estabelecido por ele entre a repressão do desejo em nome da civilização e o mal-estar que nasce no seio da normalização civilizadora do desejo. Uma vida segura e programada depende de uma certa contenção do desejo em nome de um futuro mais garantido. Em outras palavras, não há como zerar o mal-estar na vida do desejo. Essa é uma excelente chave para voltar a Tolstói.

Uma das formas mais recorrentes em sua obra é a do casamento que destrói o desejo em nome da continuidade da vida segura. Mas essa mesma destruição do desejo é a marca da dissolução da vida do indivíduo dentro do contrato social que tem no casamento uma das suas "cláusulas pétreas". Para Tolstói, aparentemente, a destruição do desejo, e do indivíduo desejante, como se diz hoje, é a matéria-prima sobre a qual se constrói a sustentação do contrato social.

Anna Kariênina, no romance homônimo, e a condessa Natasha Rostova, em *Guerra e Paz*, são dois grandes exemplos de como o desejo pode destruir uma vida. Torná-la precária e vítima da máquina civilizadora. As duas são adúlteras, uma esposa, outra noiva, ambas vítimas da sedução de homens que as usam e as jogam fora.

A ideia básica é que aos homens é dada a chance de viver a dimensão imoral, em alguma medida, dando vasão ao seu desejo, mesmo casado. A tia de Tolstói, que o criou, dizia ao jovem rapaz que um homem não será um homem pleno enquanto não arrastar uma mulher casada e honesta à desgraça absoluta por conta de um amor adúltero. Afora essas mulheres, as pobres e as servas serviriam para o alívio do homem casado. As mulheres de boa condição deveriam se preparar para seduzir um homem solteiro e levá-lo ao casamento, e após o sucesso da empreitada, fazê-lo trabalhar até morrer para satisfazer seus desejos materiais infinitos de esposa. O objetivo do marido é combater o tédio feminino inevitável. Por outro lado, esses homens deveriam aceitar esse acordo, se valendo das mulheres mais pobres para satisfazerem o tédio deles em relação a uma esposa que não queria mais sexo. As esposas deveriam ser cuidadosamente vigiadas porque o tédio, depois de alguns anos de casadas, as levaria, necessariamente, ao adultério. A fim de evitar tal risco, engravidá-las todo o tempo, ocupá-las com a paranoia ao redor do adoecimento das crianças, até a menopausa, era uma forma possível de evitar o risco da traição. Tolstói via a dependência do desejo como uma forma de demônio perigoso. E este estava no corpo da mulher ou no olhar sedutor do amante da esposa entediada.

Sua defesa do sufragismo feminino fez com que muitos o vissem (e Anna Kariênina como seu panfleto) como um "feminista" *avant la lettre*. Ledo engano. Tolstói via no desejo sexual um entrave ao seu modelo utópico de sociedade que foi se configurando à medida que o tempo passou em sua vida: homens e mulheres deveriam viver como irmãos, num mundo em que tudo fosse coletivizado e partilhado, numa vida rural e "russa". Para ele, a "liberação do desejo" feminino (apesar de que ele via como uma "desigualdade social" o modo distinto de tratar o desejo no homem e na mulher) era seu cavalo de Troia para destruir a civilização em que vivemos. Uma mulher livre seria, necessariamente, uma adúltera, desinteressada pelos filhos e pelo marido, pensando apenas nas delícias do sexo com um amante que a abandonaria em breve. O "feminismo", nesse sentido, seria uma arma para destruir a civilização. Só a destruição do desejo, no homem e na mulher, nos salvaria.

Se o preço para aniquilar o desejo tivesse que ser o desaparecimento da humanidade via a vida celibatária universal, que assim fosse. Se Tolstói entendia que a mulher era uma vítima da crueldade social, tampouco via o homem como um ser feliz: o conto maravilhoso "A morte de Ivan Ilitch" foi seu "panfleto" denunciando a tortura de um homem que morre tentando combater o tédio da esposa que o descarta à medida que o vê definhando no sofá, sozinho.

O desespero do desejo é uma constante na obra de Tolstói. Mesmo em *Guerra e paz*, quando o conde Pedro Bezukhov toma a jovem, desgraçada e linda condessa Natasha Rostova como sua esposa ao final da guerra com Napoleão (num gesto de generosidade com a amiga e amada manchada pelo adultério), o faz apenas para ambos mergulharem depois de anos no desprezo de um pelo outro, no desgosto da companhia do outro, como em todo casamento (para Tolstói, é claro). E, nesse sentido, Tolstói toca numa das formas mais terríveis do desespero, que é o envelhecimento.

Haveria alguma esperança nesse roteiro? Para Tolstói, apenas na sua utopia: vida celibatária, partilhada e coletivizada, como a dos mujiques (termo usado para os camponeses russos). Mas uma esperança utópica é sempre uma forma de desespero, no final.

NOTA 14

Envelhecimento como mentira e doença

Vivemos no mundo da longevidade. Tudo é lindo. Vivemos mais, podemos fazer planos até os oitenta anos, com razoável certeza, sexo até a mesma idade, direitos para os idosos, cirurgias plásticas revolucionárias, democratização crescente das ferramentas de rejuvenescimento, redes sociais e sua acessibilidade, enfim, superação do paradigma do envelhecimento como fato natural em direção ao paradigma do envelhecimento como patologia a ser vencida. Se vivermos mergulhados no marketing da longevidade, só há esperança e nenhum desespero.

Talvez uma das formas mais clássicas de desespero seja esta: o envelhecimento é o desespero da matéria com sua finitude. "A consciência de que o fim se aproxima gasta quilos de energia psíquica", como dizia o antropólogo Ernest Becker em *A negação da morte*. O medo da morte é a mãe de todas as formas de desespero. Gostaria de focar numa forma mais "contemporânea" e não nessa matriz evidente. Que, de tão evidente, nos remete ao silêncio ou à fé numa vida pós-morte.

Pascal Bruckner em *Une brève éternité* [Uma breve eternidade] descreve essa forma de desespero contemporâneo em relação ao envelhecimento como uma espécie de esquizofrenia. Descrevo, também, como uma contradição interna ao corpo e à alma que não chega facilmente à integração da anterior juventude e da posterior finitude. Juventude e envelhecimento são duas realidades que habitam o mesmo corpo dilacerado pelo medo.

Parte dessa esquizofrenia ou contradição difícil de ser integrada é fruto da euforia (termo do próprio Bruckner) perpétua em que vivemos. O "imperativo da felicidade" atormenta a todos. O envelhecimento tende ao repouso, as longas horas de rotina que podem ser preenchidas com sabedoria (seria essa expectativa de sabedoria dos idosos uma ilusão regressiva?) ou melancolia. A epidemia de solidão dos idosos (mas não só deles) é fruto também do aumento da longevidade. As pessoas vivem mais, mas as famílias duram menos e são atomizadas. Não há convívio familiar, e os mais velhos são terceirizados, como as crianças. A roda da fortuna da produção da vida implica a exclusão de elementos improdutivos e dependentes dessa produção. Os adultos devem gerar riquezas para pagar a terceirização daqueles que estão nas extremidades da idade. A longevidade deve ser acompanhada pela atividade, seja esta apenas de "brincadeira" (jogos de salão ou aulas de redes sociais para idosos em casas de repouso), seja pra valer (trabalho, lazer, sexo e amor), porque quase não há lugar para a vida com sentido no mundo da produtividade em que vivemos se não houver atividade por parte dos seres humanos.

A condição descrita é essa esquizofrenia. A indústria do marketing da longevidade, como toda indústria, mente o tempo todo, e o resultado dessa mentira é o silêncio acerca do envelhecimento como grande sombra contemporânea sobre os mais jovens (que veem o envelhecimento com horror) e sobre os mais velhos (que se veem como esse horror encarnado). A indústria das teorias em ciências humanas para consumo corporativo chama esse horror de "*ageism*" (etarismo) e saca a crítica do preconceito aos mais velhos como traço do mundo contemporâneo. Sem dúvida, há preconceito, mas, à diferença das outras formas de preconceito, este se aplica a pessoas cuja vida caminha em direção ao nada, e não a negros, índios, trans ou gays jovens que vivem o justo combate ao preconceito como uma forma de balada e aposta na entrada na cadeia produtiva. No caso do envelhecimento, creio que o mundo do mercado encontra grande espaço no que tange ao idoso como consumidor segmentado (se esse idoso não for pobre, o que a grande maioria é), mas quase nenhum espaço para o idoso enquanto agente produtivo na cadeia econômica. Claro que isso depende da ocupação desse idoso. Diria que o mundo corporativo é o mais atingido em cheio pelo etarismo.

O desespero é filho da falta de sentido. Sentido é uma experiência concreta, construída materialmente ao longo dos dias e dos anos. A mesma coisa vale para a esperança. No mundo contemporâneo, grande parte desse sentido se constrói no campo do trabalho e da produtividade, por isso atividade e esperança dão as mãos na esfera da longevidade. Uma vez que grande parte dos idosos se torna inativa, a possibilidade desse vínculo entre esperança e atividade tende a se tornar inviável. Essa dissolução se dava mais claramente entre os homens do que entre as mulheres porque essas costumavam ter mais atividades além da econômica, qualquer que fosse a razão (homens eram mais provedores, diferenças evolucionárias, experiência marcante da maternidade com os filhos, enfim). Hoje esses dados começam a levantar dúvida. Mulheres abaixo de 45 anos começam a ser muito sozinhas, sem filhos, tendo apenas os pais (quando os têm) e o trabalho como "parceiros". O jogo pode virar e as mulheres podem começar a experimentar a solidão e o abandono antes mais comuns entre os homens.

O fato é que homens sempre envelheceram "pior" do que as mulheres, apesar da pressão da vaidade física ser maior sobre as mulheres. Os homens tendem a sair do casamento apenas quando encontram uma mulher mais jovem, as mulheres saem "sozinhas".

No passado havia menor longevidade, as pessoas se "acostumavam" com a morte mais facilmente. A longevidade parece dizer que o envelhecimento também é função da economia, da grana, da competência e da tecnologia disponível. Esse trajeto conceitual nos leva facilmente ao dito anteriormente sobre o paradigma mudar: de condição natural à condição patológica ou consequência de incompetência na lida com o envelhecimento. Penso que essa mudança ainda é objeto de palestrantes de inovação, ou seja, marketing: poucos percebem essa mudança do envelhecimento de condição para uma doença a ser curada como problema existencial.

O fato de haver menos idosos no passado, ou mesmo uma concepção diferente de idoso (quarenta anos de idade era quase idoso), faz com que a condição do envelhecimento de hoje se torne banal porque qualquer um consegue chegar aos sessenta. E muitos idosos não são nem um pouco sábios, principalmente quando estão excluídos do modo de produção de sentido (e de trabalho) no mundo contemporâneo.

A função de narrador da vida, normalmente mais típica dos mais velhos, vem se desfazendo. O jovem (e seus APPs) se tornou paradigma do agente narrador. Todos querem ser jovens, os mais velhos simplesmente atravessaram o prazo de validade. Essa inversão implica desespero para as duas idades: o mais jovem nada sabe da vida, afora iPhones e afins, logo não consegue narrar nada; o mais velho, se não exerce a narrativa da vida, nada faz.

O problema é que exercer a narrativa da vida é saber alocar o sentido das coisas nas histórias de vida. As mudanças radicais que a modernidade introduziu (entre elas, a própria longevidade) romperam o modo de produção de sentido da vida. Muitos idosos foram expulsos da condição de alocar sentido, já que estão fora da cadeia material de produção desse mesmo sentido. A longevidade faz com que os ganhos da saúde empurrem as pessoas para "exigirem" de si mesmas uma juventude tardia e recusarem os ganhos da maturidade. O que funciona até certo ponto (Viagra para os homens, hormônios para as mulheres, grosso modo) é justamente o que nos empurra para a esquizofrenia referida anteriormente. A forma específica de desespero contemporâneo com o envelhecimento é a expulsão dos idosos da cadeia produtiva de sentido. Um mundo imutável é um mundo em que a cadeia produtora de sentido tende a permanecer imóvel. O desespero no envelhecimento hoje nasce dessa mobilidade infinita. A forma mais próxima de experimentar sentido, para os idosos, é no consumo (parte da cadeia produtiva de bens e, portanto, de sentido), e a longevidade em si é esse produto máximo. Uma vez alcançada a longevidade, a falta de sentido se impõe: O que fazer nessa vida que dura tanto? Por isso, a longevidade é algo a ser conquistado. A busca de sentido na longevidade é assunto sério, para além das picaretagens do marketing. Retomar um papel na cadeia produtiva. Essa é a única esperança para os longevos.

NOTA 15

A consciência e os afetos como desafios

Como citei antes, o livro *A negação da morte*, do antropólogo Ernest Becker, é uma pérola para pensar o desespero relacionado à finitude. Mas ele também toca no tema da consciência como experiência evolucionária, vinculando-a diretamente à experiência da esperança e do desespero.

Becker nos chama atenção para o fato de que a espécie humana parece ser a única que teve de se adaptar a dois tipos distintos e relacionados de meio ambiente. O primeiro, aquele comum a outras espécies, o meio ambiente externo, com seus riscos e demandas evolucionárias universais. O segundo, o meio ambiente interno, aquele que podemos chamar de consciência ou, como diz o filósofo darwinista Daniel Dennett, "o mundo dos conceitos". Esse mundo dos conceitos, no tratamento de Becker, está imerso num mar de afetos que "complicam" a adaptação ou se impõem como marco fundamental do sucesso ou do fracasso da espécie.

Para Becker, se adaptar a esse meio ambiente interno é lidar, principalmente, com os medos e as angústias que se articulam de modo a constituir a nossa vida consciente, psicológica. A consciência da morte, e sua negação como condição de sobrevivência, somada ao desespero que essa consciência implica, se constituem naquilo que Becker poderia chamar de "sua" metapsicologia, seguindo a psicanálise. Para negar a morte, o aparelho psíquico precisa reprimir o afeto associado à consciência da morte, caso contrário, o desespero seria paralisante. Como consequência, temos a ideia da morte na consciência, mas o afeto consciente permanece reprimido. E esse afeto é o desespero. Esse mecanismo de repressão nos desgasta constantemente no sentido dinâmico ou econômico, como fala Freud em relação à manutenção da repressão. Esse formato nos serve, no mínimo, como analogia para entender qual seria a relação entre o desespero e a consciência. A consciência cansa a todos. É um peso que carregamos. O filósofo judeu-alemão Franz Rosenzweig se refere a esse traço humano como o ato de carregar um cadáver nas costas ao longo da vida (o nosso cadáver). Esse cadáver é a consciência da morte.

Outra analogia consistente é a descrição que faz o romeno Cioran sobre o nascimento da consciência: nos emancipamos do sonambulismo da matéria viva inconsciente por meio da dor. A dor aparece como uma espécie de matriz do lugar da consciência. A vida inconsciente sofre menos. Ou, como diria Schopenhauer, como sou consciente, "sofro; logo existo". Nesse sentido, há um vínculo profundo entre a consciência e certo mal-estar nascido exatamente do conhecimento das coisas do mundo e dos seus processos. Por isso, Freud fala em *O mal-estar na civilização*, que a felicidade não parece fazer parte dos planos do Criador. Ser feliz parece implicar uma certa dose de diminuição da atividade consciente. Não à toa, muitas vezes lançamos mão de drogas para dopar a consciência. O homem sempre sabe mais do que deve e menos do que precisa, como ocorre em *Édipo Rei*, de Sófocles. Muitas vezes, a consciência é também essa aritmética da falta: "Sei mais do que devia, mas nunca sei tudo o que preciso saber, e eu sei dessa falta". Sendo assim, a consciência é, justamente, o lugar por excelência do desespero, mesmo que seja pelas falhas da própria consciência em conceber a totalidade dos fenômenos aos quais estamos submetidos que acabamos por sofrer mais. A consciência, coitada, nunca compreende a totalidade da contingência cega que tudo rege e que a ela assola.

No mundo contemporâneo, pautado por informações constantes e exposição contínua e voluntária da própria vida, o desespero se vincula à expectativa do reconhecimento de modo epidêmico. A ansiedade, irmã direta do desespero, fala alto quando comparo "reconhecimentos" na economia das curtidas que cada um recebe na vida. Há uma métrica da esperança em ser reconhecido. O insucesso dessa métrica gera um desespero medido em números. O desespero se alimenta de uma consciência exposta constantemente à sua insignificância, quando comparada a outras pessoas e suas performances. Ao mesmo tempo, como já intuía Freud, a paranoia se alimenta tanto do quantum de informação como do sentido que esse quantum performa, da mesma forma que o conhecimento. Se tudo tem sentido, sou paranoico. Nesse caso, é o repouso numa certa ignorância que nos alivia e nos afasta da paranoia. Se eu encontrar sentido em tudo, enlouqueço. Por isso a saúde mental reside em algum ponto difícil de determinar entre minha capacidade de ter consciência do mundo e minha capacidade de repousar na falta dessa mesma consciência. As falsas fórmulas de autoajuda e seu "fácil" equilíbrio proposto banalizam a dificuldade inerente à consciência, como nos mostra a peça de Shakespeare *Macbeth*, em que devemos parar a nossa ânsia de dominar o mundo e a si mesmo.

A consciência é, portanto, um campo essencialmente voltado ao nascimento do desespero. Alimentando-se tanto do conhecimento quanto das suas falhas, a consciência é o terreno propício ao desespero mais humano que existe. Um desespero nascido da expectativa de ter o controle das coisas, expectativas essas que estão profundamente enraizadas na atividade consciente em si mesma.

Talvez por isso o mundo contemporâneo tenha "decidido" pela redução do amadurecimento como forma de evitar essa mesma consciência. Nisso se constitui a esperança dos retardados. A resistência contra a desistência do amadurecimento se parece com o que eu dizia anteriormente, inspirado em Raymond Aron: pensar a sério é pensar na vertigem do abismo. Este é o habitat natural da consciência. Não difere disso o que pensou Kierkegaard, Bernanos, Freud ou mesmo Camus acerca da angústia e do desespero.

O vínculo entre amadurecimento, esperança e desespero merece atenção específica. Voltaremos a ele posteriormente.

NOTA 16

O futuro como um continente assustador

Talvez esta seja uma das formas mais dramáticas do desespero. Certa feita, uma amiga me disse que era necessário mentir para os jovens para que tivessem uma mínima esperança na política, já que na religião e na moral não seria mais possível. Em notas anteriores, já deixei claro que não tenho esperança na política. Mas a questão permanece: Como é possível viver sem esperança no futuro? A mentira valeria a pena para produzir esperança?

Minha resposta a essa última pergunta é categoricamente não. Continuo a achar que a mentira como método de construção do mundo, traço característico de nossa era, é um engodo. Creio que essa recusa da mentira como protocolo cognitivo, epistemológico e moral é uma forma de esperança. Suspeito que aceitar a mentira como método é uma forma de desespero que não revela seu nome. Esse desespero, não experimento. Não hipoteco o futuro à mentira como protocolo de vida. Nesse sentido, prefiro desesperar dos ganhos da mentira.

Quanto à pergunta anterior, se é possível viver sem esperança no futuro, creio que esta é uma questão central. Camus se fez essa pergunta muitas vezes: É possível ter esperança no mundo?

No plano teórico, podemos dizer que o futuro nos reserva inovações tecnológicas que farão a vida mais longa, talvez mais segura biologicamente, e mais "divertida". Mas não creio que seja possível afirmar a esperança no futuro como se este fosse um continente único. Podemos melhorar na medicina e piorar na democracia, que anda em agonia por causa das redes sociais, que é em si uma inovação que melhorou a distribuição da informação e piorou o estado psicológico dos jovens, gerando alta ansiedade. Essa mesma inovação criou novas ferramentas de lazer, mas vai causar um transtorno no mercado de trabalho com a revolução cognitiva em curso devido à Inteligência Artificial (IA), que está intimamente relacionada com as redes sociais e com os nossos rastros, que são recursos em dados que alimentarão a IA na vigilância de nossas vidas divertidas. Eis um exemplo claro da ambivalência que descreve o sociólogo Zygmunt Bauman acerca da modernidade. Adoro a palavra "inovação" porque ela, no mundo corporativo, é uma ferramenta muito usada como protocolo da mentira a que fiz referência. Inovação é um "conceito" a serviço da infantilização no tratamento do futuro. E toda infantilização é um operador na economia do desespero. Passar da infantilização à morte, sem atravessar o amadurecimento, me parece uma fórmula segura para o desespero.

Quanto menos expectativa tivermos com relação a essa coisa chamada "futuro", menos desespero. Se percebermos que o futuro é, na realidade, uma variável que se decompõe em inúmeras variáveis, inclusive contraditórias entre si, talvez menos ilusão teremos. Esperança que se alimenta de ilusão é um cavalo de Troia.

Diria que uma das maiores razões para o desespero em relação ao futuro está no modo como temos educado nossos jovens, que são o futuro "encarnado": utópicos, narcísicos, arrogantes, sem parâmetro, ocupando o lugar de narradores para o qual não estão preparados, como eu disse antes. Se a esperança é uma virtude, e toda virtude é uma realidade prática, só podemos ter alguma esperança no futuro se tivermos jovens futuros adultos minimamente amadurecidos. E não vejo isso no horizonte. Quanto ao trajeto dos avanços tecnológicos em medicina e informação, isso seguramente nos trará uma sociedade de longevos com alto índice de acesso aos ganhos de ambos os campos, mas, pelo que vemos hoje, longevos com baixo amadurecimento. Talvez uma das maiores razões para o desespero em relação ao futuro sejam os adultos retardados que estamos criando hoje.

NOTA 17

Desespero do amadurecimento

Os sinais de infantilização estão em toda parte. O sociólogo Frank Furedi aponta esse sintoma em sua obra *What's Happened To The University?*. Os jovens entram na universidade com a idade emocional de quem entrava no *high school*. Vejamos alguns desse sinais.

Segundo a psicóloga Jean Twenge, os jovens apresentam hoje adiamento de quatro marcadores clássicos de amadurecimento: saem mais tarde da casa dos pais; dependem financeiramente dos pais mesmo fora de casa porque não querem experimentar uma queda no padrão de vida, já que ganham cada vez menos; não conseguem manter relacionamentos fixos; e morrem de medo de ter filhos.

A ansiedade, afeto empobrecedor por definição, aumenta à medida que cresce a exposição nas redes sociais e a demanda por reconhecimento. O ressentimento decorrente de um reconhecimento continuamente aquém do esperado (sempre será assim porque a estrutura dos resultados em redes sociais é a de um mau infinito, o tipo de infinito que gera desespero) produz uma vida psíquica cheia de raiva e cobranças para com o mundo. A falta de generosidade que decorre de tal estado das coisas piora a capacidade de investimento no mundo. Sem generosidade não há amadurecimento. E somos cada vez menos generosos e mais ressentidos. E sem generosidade, não há esperança.

Uma sociedade como a nossa, movida à busca incessante de felicidade, produtividade, eficácia e resultados, caminha por uma estrutura que empobrece a capacidade de perceber que a felicidade não é a coisa mais importante do mundo. Muito mais importante é a consistência em enfrentar o fato de que a vida não é um enredo com final feliz. A esperança como resposta a esse enredo é muito mais importante do que o retardo mental sob a euforia perpétua, como citamos ao falar do filósofo francês Bruckner.

A obsessão pela prosperidade faz das pessoas crianças que esperam resultados evidentes de suas demandas, o que tampouco caracteriza a máquina do mundo: o mundo quase sempre tende à crueldade e à indiferença, quando não à mera instrumentalidade. Criados muitas vezes em ambientes com poucas crianças, devido à baixa fertilidade das classes médias para cima, os jovens acreditam que tudo que fazem é especial, pais e professores se juntam num jogral de fantasias sobre as capacidades desses jovens, e, quando esses jovens crescem e vão para o mercado de trabalho, sofrem com a realidade do mundo. Desesperam de si mesmos e do futuro.

A incapacidade de lidar com avaliações na universidade é outro sintoma. A economia da autoestima se impõe como métrica para a educação, o que vai bem com as demandas do marketing das escolas e com a vaidade dos pais: todos mentem dentro dos protocolos de marketing como ontologia da sociedade.

A mania identitária e o vitimismo associado ajudam pouco no enfrentamento da infantilização porque trazem ferramentas das ciências sociais como insumo para o ressentimento e para a falta de generosidade. Esse insumo autoriza a falta de generosidade. A estrutura psicológica de quem exige direitos como paradigma social é a de um mimado, como bem mostra o psiquiatra inglês Theodore Dalrymple e o filósofo holandês Andreas Kinneging.

Se a pura infantilização produz desespero para com o amadurecimento, a falta de generosidade nos leva ao desespero pleno. Sem ela não há contrato social ou afetivo que se mantenha de pé. Talvez seja esta uma das maiores prerrogativas do desespero: um mundo que cada vez mais carece de generosidade entre as pessoas, afunda no desespero. E generosidade não é gerada com ONGs, nem com manifestações. Generosidade é uma virtude, e, portanto, uma prática. E aqui o cristianismo está coberto de razão: só quem ama é livre. E a esperança é uma virtude dos libertos dos excessos do amor por si mesmos.

NOTA 18

O desespero do bem

O bem é a esperança de muitos. A primeira crítica possível à esperança associada ao bem é que ele não é propriamente um conceito impermeável ao relativismo com que os bacanas gostam de brincar, até que o niilismo, decorrente do relativismo levado às últimas consequências, mostre os seus dentes. Na verdade, desde a Grécia antiga os sofistas colocaram o problema do relativismo. Mas não quero me despedaçar no relativismo cultural e sua miséria teórica quando persigo a ideia de esperança, porque o relativismo é uma forma epistemológica de desespero, e este é um velho conhecido de quem conhece história da filosofia para além das brincadeiras militantes do nosso mundo atual.

Platão, também na Grécia, dizia que o bem é abundante, por isso o princípio das coisas tem que ser o bem, porque só ele é ontologicamente generoso na sua enorme potência de doar o ser. Esse argumento será essencial na construção filosófica do cristianismo. Acho o argumento, apesar de metafísico, bastante consistente no plano moral. A generosidade é uma potência geradora de esperança e de confiança nas coisas, nas pessoas e no mundo. Às vezes, parece existir como uma aparição da graça. Voltaremos a esse vínculo mais à frente porque julgo ele importante na tentativa de fundamentar qualquer forma de esperança. A essa altura, direi apenas que a ideia platônica, sem seu componente metafísico, me parece a melhor forma de compreender a "natureza do bem": uma potência característica da abundância que se desdobra em generosidade ontológica e afetiva. Fiquemos com essa definição.

Mas, por desespero do bem, quero dizer uma coisa muito particular e contemporânea. Adentramos o desespero do bem quando ele vira uma plataforma de marketing ou de causas políticas.

A primeira crítica a esse bem articulado num discurso militante (não se milita pelo bem, sua consistência é excessivamente sutil para suportar a retórica e a violência contidas em toda forma de militância) é que não há bem como discurso social. O caráter exterior do discurso social se contamina facilmente com a vaidade, e o bem, sendo uma virtude, é sempre tímido. O bem carrega em si uma contenção estranha a quem se acha "parente" dele. Essa contenção é a natureza da timidez que acompanha toda forma de virtude.

O bem articulado em vaidade de comportamento facilmente degenera em fraqueza. O bem contemporâneo serve para marketing de comportamento. Sou do bem se ando de bike, se sou vegano, feminista, enfim, se abraço causas "do bem". Essa forma de bem é típica da infantilização descrita antes. O bem verdadeiro só cresce em ambientes em que ele gera desequilíbrio na própria natureza humana. Esse é o dilaceramento que o bem causa quando se manifesta, descrito por Pascal no século XVII. Quase como um corpo estranho num habitat que lhe é hostil. Aliás, como toda forma de virtude, cresce no combate. Por isso, uma alma atormentada pelo pecado, ou qualquer conceito que exerça o mesmo papel que a concepção de pecado, deságua na humildade como decorrência de uma consciência que não mente sobre si mesma. Não há esperança onde não há humildade. Por isso, apesar de o bem na metafísica platônica ser uma entidade, ou ideia, potente e generosa, no plano prático da psicologia moral ele não habita as alturas de um mundo perfeito, mas os labirintos de uma alma desesperada pela incapacidade típica de quem se sabe dominado pelo mal. Só quem se reconhece "parente do mal" pode reconhecer o bem quando o encontra. Dessa forma, como disse antes, só os pecadores verão a Deus.

NOTA 19

O desespero como redenção: um pequeno diálogo entre gigantes

Como vimos quando falamos de Bernanos, o desespero pode ser um caminho inverso para a esperança. No caso do Dostoiévski francês, a vocação natural à mentira que nós humanos carregamos, em algum momento, nos leva direto ao vazio. O solo do desespero pode ser um lugar onde contemplamos o nada que nos habita. Esse processo é característico da tradição cristã do deserto: o monge asceta vai ao deserto encarar o pó que o habita e o demônio que quer se apropriar desse desespero para fazer desse nada humano a chave de nossa escravidão ao medo. Esse processo de "aniquilamento" o levaria à percepção de quanto o orgulho é a face mentirosa desse vazio e de como precisamos de misericórdia para viver. E assim percebemos o profundo vínculo entre humildade e esperança.

O vínculo entre vazio e mentira é a matriz a partir da qual Santo Agostinho erguerá sua sólida reflexão acerca da vaidade como pecado mais profundo da natureza humana. Só quem se vê como pó pode pressentir a presença da graça no mundo, e um dos efeitos avassaladores dessa é a experiência da esperança, já que essa esperança é, no universo cristão, como dissemos, uma virtude teologal: depende da ação de Deus porque, sem esta, a natureza humana afunda no desespero, uma vez que a esperança não brotaria de um solo apenas humano, já que esse solo é habitado pelo nada como raiz ontológica. E o nada engendra o desespero.

Mas a relação entre a superação da mentira e a esperança não precisa ser apenas um recurso teológico. Nelson Rodrigues se descrevia como um ex-covarde. Depois de ter muito medo de tudo, ele afirmava ter perdido o medo. Essa descrição, digamos, psicológica, sustenta a possibilidade de que o cansaço do medo implicaria uma transformação em direção à coragem, parente muito próxima da esperança. Nelson aqui se aproxima da posição do romeno Cioran quanto à verdadeira virtude nascer do cansaço. O cansaço também aparece em Camus em *O mito de Sísifo*, quando este cansa de jogar a pedra para cima, que rolará eternamente em seguida, tornando seu trabalho infinito, esmagando-o, inevitavelmente. Cansar de jogar a pedra para cima significa desistir de mentir sobre a condição absurda da existência, termo de Camus para designar a tragédia insuperável do destino humano: nascer, crescer, envelhecer e morrer e todos os eventos "menores" em meio a esse destino inexorável.

Ser um ex-covarde não é exatamente ser um "simples" corajoso. É um conceito que pressupõe uma dimensão histórica concreta. Assim como a humildade libertadora nasce da experiência do nada do deserto, a coragem libertadora nasce do solo do desespero que o medo como prática ancestral pode causar. Em ambos os casos, a esperança é filha de um processo ou de uma peregrinação. No limite, essa peregrinação é sempre uma travessia do niilismo. E Dostoiévski entendeu bem esse papel essencial da experiência niilista.

É esse o sentido do conto de Dostoiévski "O sonho de um homem ridículo". O personagem niilista e suicida decide se matar para afirmar sua liberdade desesperada em relação à "mania de sobreviver" num mundo miserável em que vivemos. No caminho de casa em direção ao suicídio, uma menina pobre lhe pede ajuda porque a mãe está doente. Ele empurra a menina e segue em seu trajeto. Na hora em que aponta a arma em direção ao coração, cai no sono. Sonha que está num outro paraíso, supõe ele. Ao tentar checar sua teoria, ninguém fala com ele, apenas sorriem, num claro sinal de que a felicidade inundava aquele mundo a ponto de não precisarem nem conversar entre si. Irritado com isso, nosso niilista suicida consegue falar com um dos habitantes do lugar. Na sequência, todos começam a falar ao mesmo tempo, numa ansiedade de reconhecimento por parte do forasteiro. Começam a brigar e se espancar. Nosso herói, desesperado, tenta acalmá-los. Acorda nesse exato momento. Ao acordar, se levanta e vai procurar a menina. Ele havia descoberto que fora a serpente daquele paraíso. Esse insight o tira da depressão e o lança de volta à vida: este é o motivo do ex-niilista suicida ir procurar a menina que ignorara antes.

O insight do personagem é definitivo. Não se trata de negar o desespero e suas razões numa indústria idiota da autoestima, como a contemporânea. Trata-se de perceber o nosso lugar na cadeia das causas do desespero (a serpente somos nós). Essa é a marca do amadurecimento. A redenção por meio do desespero é uma travessia que todos temos que fazer se não quisermos nos transformar em adultos infantis desesperados.

NOTA 20

O duplo método da esperança

Camus, num dos seus cadernos de rascunho, se pergunta se há esperança no mundo. Como eu disse antes, o desafio que me fora feito pelo então editor da Três Estrelas, Alcino Leite Neto, de propor um 11º mandamento para o livro que escrevi sobre os dez mandamentos, impactou definitivamente minha reflexão filosófica desde então. Nesse trajeto da escrita, "descobri" o 11º mandamento: "Terás esperança no mundo". O encontro entre essa investigação teológica e trágica (Camus) me lançou numa busca de reflexão sobre a esperança. Esse percurso me trouxe até aqui. E só há uma atitude verdadeira diante da esperança: ficar de joelhos, como diria Nelson Rodrigues.

Essa duplicidade do método (teologia e tragédia) me fez pensar que existem mesmo duas formas de esperança. Uma daqueles que recebem a graça de tê-la, outra daqueles que devem lutar toda a vida para conquistá-la, sem cair na armadilha ancestral de nossa vocação natural à mentira, como dizia Bernanos. A teologia da santidade do teólogo Hans Urs von Balthasar me servirá nesta nota final como referência e analogia.

Segundo o teólogo suíço, há duas formas de santidade. A primeira, aquela escolhida do "alto", fundada por Deus, quando este lança uma pessoa à santidade, à revelia da sua própria vontade (não vou entrar aqui na definição de santidade, nos levaria muito longe). A segunda, "brota do solo", e é fruto do esforço de uma pessoa e sua comunidade que buscam a santidade como forma de vida. Na primeira, o mundo deve se curvar diante da escolha livre de Deus do "Seu" santo. Na segunda, Deus reconhece e acata, livremente, a "escolha humana" da sua santidade. Penso que há uma analogia muito forte com o tema da esperança. Como disse antes, esta pode ser uma virtude teologal, fruto da inserção da graça no mundo. Ou pode ser o resultado de um esforço humano para praticá-la, como toda virtude, como no caso descrito por Nelson Rodrigues, o ex-covarde.

Nelson escreveu certa feita que a racionalidade é uma dolorida ascese, como a santidade. Faço dele, como muitas vezes, as minhas palavras. A analogia rodriguiana entre racionalidade e santidade revela (coisa rara entre nós nos últimos tempos) o caráter de ascese e de travessia que tanto a santidade quanto a racionalidade carregam em si mesmas, num processo de transformação interior. Ser capaz de atingir, pelo menos, uma "pequena" razão, é fruto do esforço sem fim em busca do discernimento cotidiano, colhido entre as pedras do mundo, assim como a segunda forma de santidade descrita por Von Balthasar. A esperança no mundo, da qual fala Camus, existe quando conseguimos, humildemente, colhê-la entre as pedras que povoam nossa alma. A esperança é irmã do desespero.

Como diz o filósofo judeu-alemão Franz Rosenzweig, só conseguimos nos mover em direção à vida (este movimento é a prática da esperança) quando aceitamos que ela está estendida entre o milagre e o mistério. E junto conosco caminha nossa irmã gêmea, a morte. Sem essa consciência, não há esperança possível. A possibilidade de perceber esse milagre da existência, advinda do nada primordial, e o mistério que envolve esse processo, é aquilo a que Platão se referia como a raiz da filosofia: o espanto. E este é irmão do encanto. A esperança é, assim, no âmbito da filosofia, da mesma família do espanto, do encanto, da humildade, da coragem e da generosidade. Não há esperança sem a companhia da sua família. Portanto, não há esperança na solidão. Quem me dá esperança são os outros.

FIM

APÊNDICE

A peste em meio à esperança e ao desespero

Este apêndice deve ser jogado fora nas futuras edições, quando ninguém mais lembrar da peste que atravessamos hoje, a covid-19. O nome dessa peste, tão comum no nosso dia a dia, provavelmente nada significará além de uma relíquia histórica dentro de alguns anos. Portanto, este apêndice é efêmero como a peste, no mar infinito da longa duração da história humana, como diria o historiador Fernand Braudel, do século xx.

Como se articulam esperança e desespero em meio à nossa peste? Há diversas dimensões para uma possível resposta a essa pergunta. Existem dimensões técnicas, políticas, de gestão, partidárias, históricas, sociais, existenciais, espirituais, delirantes, do próprio papel da mídia, científicas, enfim, muitas. Neste breve apêndice, me dedicarei a duas delas: a do próprio papel da mídia e a científica.

Esperança, como toda virtude, é prática. Já sabemos disso. Ela não respira bem em ambientes expropriados de elementos materiais que a tornem viável. Mesmo o tal imaginário que John Stuart Mill, um dos fundadores da escola ética do utilitarismo no século xix, considerava essencial para o bem-estar, depende de elementos materiais em algum momento, do contrário, o imaginário vira delírio. Tudo tem limite. Nossos recursos psicológicos ou espirituais também respiram átomos, matéria, não conseguem viver para sempre num ambiente rarefeito. Como disse um pouco antes, mesmo o imaginário de Mill depende de algum horizonte em que ele se veja como um candidato à realidade dos fatos da vida. Quando a esperança naufraga, o desespero preenche o vácuo. Os afetos odeiam o vácuo, mesmo se quem o preencher for um afeto triste.

A possibilidade de ascender à esperança depende de escadas concretas, e não meramente imaginárias. Fato e prática, desde o início da peste, indicam isso: preencher o dia a dia com tarefas, atividades físicas, meditações. Muitas vezes uma conversa pelo telefone ou pelo WhatsApp alimenta a esperança. O desespero também é prático (basta ver a mídia e as redes sociais para se ter uma ideia de como o desespero escorre por elas, como pelo canto da boca de uma fúria grega assassina), mas ele respira melhor em ambientes rarefeitos, basta ver a força de uma crise de pânico crescendo a partir do nada no cotidiano de ansiedade.

Uma ou outra palavra sobre a mídia precisa ser dita nessa indústria do desespero da peste. Uma outra palavra também precisa ser dita sobre a ciência, suas mídias, seus cientistas e mesmo alguns médicos que foram alçados à condição de celebridade da peste (claro que uma pequena parte sempre corre o risco de contaminar a imagem de muitos). A sorte da mídia é que as pessoas têm baixa atenção e quase nenhuma memória, do contrário, ela sairia bem manchada dessa peste. Os jornalistas, em geral pessoas com pouco repertório e muita ansiedade por "informar", saíram à caça de dados científicos como abelhas. Publicam quase qualquer coisa que cheire à ciência. Munidos pela falácia da informação que se desdobra em ação consciente (uma falácia que precisa ser desmontada), atraem a morbidez da pulsão de morte que carregam, gerando terror com o objetivo (que não deixa de ter algo de verdadeiro) de motivar as pessoas a aderir às medidas epidemiológicas. Há aqui um vínculo dialético entre esperança e desespero peculiar, e, na verdade, explosivo: alimentar o medo, logo, o desespero, com o objetivo de oferecer uma esperança científica. O *páthos* do desespero pode ir além do limite que essa dialética pode suportar. Muitas notícias que circulam pela mídia não têm nenhum valor informativo para a população comum, a não ser responder à demanda de manter a indústria da mídia de pé nesse momento de retração econômica. Mesmo o número de mortos cresce numa espiral monótona. Grandes calamidades são monótonas. Mas, na correria para fechar uma pauta, os jornalistas não entendem de sutilezas. Essas sutilezas perdidas, em grande parte, pertencem às ciências sociais, muito cantadas em verso e prosa, mas pouco levadas em consideração quando se fala de epidemiologia numa redação. Sendo justo: epidemiologistas, às vezes, também parecem ter perdido as aulas essenciais de ciências sociais para essa especialização. Pestes são entidades médicas e sociológicas. Como também *lockdowns*. Essa falta de sutileza na mídia, no trato com camadas mais profundas do mundo, é um importante acesso para as maneiras grosseiras do viés ideológico entre jornalistas. Por exemplo, o modo como a polarização entre nós diante da peste calou muita reflexão mais consistente sobre aspectos epistemológicos (teoria da ciência) na mídia é um grande dano ao pensamento público. Se você não é a favor de um *lockdown* absoluto num país de miseráveis e oportunistas como o Brasil, é porque, obviamente, você é a favor da cloroquina, pensam os "inteligentinhos" do *lockdown* neozelandês em praias nacionais. Os idiotas sempre ganham na guerra cultural.

Uma palavrinha sobre a ciência. Nem sempre o desespero como propedêutica gera esperança na ciência. A relação entre ciência e câmeras é uma relação "tóxica", como está na moda dizer. Antes de tudo porque o público em geral nada entende de ciência, achando que ela é uma coisa que descobre coisas e não um método cético baseado em dúvidas testadas por experimentos que visam à refutação. Vá explicar isso para alguém que só pensa em covid-19 o dia todo (com uma certa razão, temo). A impaciência e a intolerância epistemológica com relação ao conhecimento organizado atrapalham o entendimento de qualquer "explicação científica". Devemos esquecer a complexidade da ciência quando falamos para um senso comum que quer respostas e pronto. A ciência é protocolar, depende de muita grana, além de ter vaidades institucionais e pessoais por toda parte. O senso comum nada sabe disso. Nas vacinas contra a covid-19, ela bateu todos os recordes. Ainda bem. Ainda assim, idiotas se amontoam olhando na internet comparações entre vacinas e talidomida. Muitos cientistas e médicos especulam sobre o futuro sem bases suficientes para tal. No plano epidemiológico, a gripe espanhola continua sendo o melhor dado científico por analogia. Sabe-se muito pouco. Mas não é isso que a câmera espera como resposta. Num mundo em que tudo é marketing digital via redes sociais, quem especular mais, ganha. E na peste, a especulação serve ao terror. Nomes famosos, não necessariamente relacionados com epidemiologia, de forma oportunista, aproveitam o horror para ganhar seguidores, vender sua marca e faturar patrocínios. E todo mundo sabe disso. E nada disso tem a ver com *fake news*. Estamos aqui no terreno mais evidente do jornalismo profissional. E nada disso tem a ver com o negacionismo psicopata que circula entre nós. Na peste, a "informação de qualidade" é prima-irmã da *fake news*.

Essas poucas palavras têm a ver, sim, com a mais pura epistemologia do século xx. Como dizia o epistemólogo Imre Lakatos, a ciência é composta pelo núcleo racional (o método científico feito de teorias, experimentos e refutações, aquilo que o senso comum desconhece) cercado por elementos extrarracionais. O cinturão racional, composto da ciência praticada e aplicada, está continuamente em relação com elementos extrarracionais — às vezes ameaçado por estes. E estes vão desde teorias falsas, testadas negativamente, mas que permanecem circulando, até vaidades e custos econômicos. Isso tudo é muito confuso para quem quer apenas esperanças científicas e recebe, na verdade, desespero no dia a dia por meio da mídia em geral. O desespero é a grande commodity na peste.

Não vou me ocupar com a política aqui. Já falamos demais disso. Vale a pena, entretanto, lembrar que, mesmo em meio à peste, a espécie continua firme na sua natureza delirante. Gente chique é contra a vacina, jovens temem a vacina por considerá-la pouco vegana, gente que passa o dia nas redes sociais se faz de especialista em medicina alternativa. Mas a pergunta final é: Onde encontrar esperança em meio a isso?

De certa forma, onde ela sempre esteve. No trabalho de formiguinha de gente invisível que sustenta o mundo até hoje. Essa gente que nunca está na moda. A paciência da esperança é algo da ordem bíblica. Lenta, dramática e silenciosa, como toda virtude. Tímida diante do marketing. A esperança é da família da humildade, como diz Camus, não da vaidade e da publicidade.

Este livro, composto na fonte Fairfield,
foi impresso em papel pólen bold 90 g/m², na gráfica BMF.
São Paulo, julho de 2021.